TRANZLATY
Language is for everyone
زبان برای همه است

The Little Mermaid

پری دریایی کوچولو

Hans Christian Andersen

هانس کریستین اندرسن

English / فارسی

Copyright © 2023 Tranzlaty
All rights reserved.
Published by Tranzlaty
ISBN: 978-1-83566-940-2
Original text by Hans Christian Andersen
Den Lille Havfrue
First published in Danish in 1837
www.tranzlaty.com

The Sea King's Palace
کاخ پادشاه دریا

Far out in the ocean, where the water is blue
دور در اقیانوس، جایی که آب آبی است
here the water is as blue as the prettiest cornflower
اینجا آب مثل زیباترین گل ذرت آبی است
and the water is as clear as the purest crystal
و آب مانند خالص ترین کریستال شفاف است
this water, far out in the ocean is very, very deep
این آب، دور از اقیانوس، بسیار بسیار عمیق است
water so deep, indeed, that no cable could reach the bottom
آب آنقدر عمیق است که هیچ کابلی نمی تواند به ته آن برسد
you could pile many church steeples upon each other
شما می توانید بسیاری از برج های کلیسا را روی یکدیگر انباشته کنید
but all the churches could not reach the surface of the water
اما تمام کلیساها نتوانستند به سطح آب برسند
There dwell the Sea King and his subjects
در آنجا پادشاه دریا و رعایای او ساکن هستند
you might think it is just bare yellow sand at the bottom
ممکن است فکر کنید که شن و ماسه زرد لخت در پایین است
but we must not imagine that there is nothing there
اما ما نباید تصور کنیم که چیزی در آنجا وجود ندارد
on this sand grow the strangest flowers and plants
روی این ماسه ها عجیب ترین گل ها و گیاهان می رویند
and you can't imagine how pliant the leaves and stems are
و نمی توانید تصور کنید که برگ ها و ساقه ها چقدر انعطاف پذیر هستند
the slightest agitation of the water causes the leaves to stir
کوچکترین تکان دادن آب باعث به هم زدن برگها می شود
it is as if each leaf had a life of its own
گویی هر برگ برای خود زندگی دارد
Fishes, both large and small, glide between the branches
ماهی ها، چه بزرگ و چه کوچک، بین شاخه ها سر می زنند
just like when birds fly among the trees here upon land

درست مثل زمانی که پرندگان در میان درختان اینجا روی خشکی پرواز می کنند

In the deepest spot of all stands a beautiful castle
در عمیق ترین نقطه از همه، یک قلعه زیبا قرار دارد
this beautiful castle is the castle of the Sea King
این قلعه زیبا، قلعه پادشاه دریا است
the walls of the castle are built of coral
دیوارهای قلعه از مرجان ساخته شده است
and the long Gothic windows are of the clearest amber
و پنجره های بلند گوتیک از شفاف ترین کهربا هستند
The roof of the castle is formed of sea shells
سقف قلعه از صدف های دریایی تشکیل شده است
and the shells open and close as the water flows over them
و پوسته ها با عبور آب از روی آنها باز و بسته می شوند
Their appearance is more beautiful than can be described
ظاهر آنها زیباتر از آن است که بتوان توصیف کرد
within each shell there lies a glittering pearl
درون هر صدف یک مروارید درخشان نهفته است
and each pearl would be fit for the diadem of a queen
و هر مروارید برای قاب یک ملکه مناسب است

The Sea King had been a widower for many years
پادشاه دریا سالها بیوه شده بود
and his aged mother looked after the household for him
و مادر پیرش از خانه او مراقبت می کرد
She was a very sensible woman
او زن بسیار عاقلی بود
but she was exceedingly proud of her royal birth
اما او به تولد سلطنتی خود بسیار افتخار می کرد
and on that account she wore twelve oysters on her tail
و به همین دلیل دوازده صدف بر دم خود پوشید
others of high rank were only allowed to wear six oysters
سایر افراد دارای رتبه بالا فقط مجاز به پوشیدن شش صدف بودند
She was, however, deserving of very great praise
با این حال، او شایسته ستایش بسیار بزرگ بود

there was something she especially deserved praise for
چیزی بود که او مخصوصاً برای آن سزاوار ستایش بود
she took great care of the little sea princesses
او از پرنسس های کوچک دریا مراقبت زیادی می کرد
she had six granddaughters that she loved
او شش نوه داشت که آنها را دوست داشت
all the sea princesses were beautiful children
همه شاهزاده خانم های دریا بچه های زیبایی بودند
but the youngest sea princess was the prettiest of them
اما جوانترین شاهزاده خانم دریا زیباترین آنها بود
Her skin was as clear and delicate as a rose leaf
پوستش مثل برگ رز شفاف و لطیف بود
and her eyes were as blue as the deepest sea
و چشمانش مانند عمیق ترین دریا آبی بود
but, like all the others, she had no feet
اما، مثل بقیه، او پا نداشت
and at the end of her body was a fish's tail
و در انتهای بدنش دم ماهی بود

All day long they played in the great halls of the castle
تمام روز در تالارهای بزرگ قلعه بازی می کردند
out of the walls of the castle grew beautiful flowers
از دیوارهای قلعه گلهای زیبایی رویید
and she loved to play among the living flowers
و او عاشق بازی در میان گلهای زنده بود
The large amber windows were open, and the fish swam in
پنجره های بزرگ کهربایی باز بود و ماهی ها داخل آن شنا کردند
it is just like when we leave the windows open
درست مثل زمانی است که پنجره ها را باز می گذاریم
and then the pretty swallows fly into our houses
و سپس پرستوهای زیبا به خانه های ما پرواز می کنند
only the fishes swam up to the princesses
فقط ماهی ها به سمت شاهزاده خانم ها شنا کردند
they were the only ones that ate out of her hands
آنها تنها کسانی بودند که از دست او غذا خوردند
and they allowed themselves to be stroked by her

و به خود اجازه دادند که توسط او نوازش شوند

Outside the castle there was a beautiful garden
بیرون قلعه باغ زیبایی بود
in the garden grew bright-red and dark-blue flowers
در باغ گلهای قرمز روشن و آبی تیره رشد کردند
and there grew blossoms like flames of fire
و در آنجا شکوفه هایی مانند شعله های آتش رشد کردند
the fruit on the plants glittered like gold
میوه روی گیاهان مانند طلا می درخشید
and the leaves and stems continually waved to and fro
و برگ ها و ساقه ها مدام به این طرف و آن طرف تکان می دادند
The earth on the ground was the finest sand
زمین روی زمین بهترین ماسه بود
but this sand does not have the colour of the sand we know
اما این ماسه رنگ شنی که ما می شناسیم را ندارد
this sand is as blue as the flame of burning sulphur
این ماسه مانند شعله سوزان گوگرد آبی است
Over everything lay a peculiar blue radiance
بر همه چیز درخشش آبی عجیبی نهفته بود
it is as if the blue sky were everywhere
انگار آسمان آبی همه جا بود
the blue of the sky was above and below
آبی آسمان بالا و پایین بود
In calm weather the sun could be seen
در هوای آرام خورشید دیده می شد
from here the sun looked like a reddish-purple flower
از اینجا خورشید مانند گل بنفش مایل به قرمز به نظر می رسید
and the light streamed from the calyx of the flower
و نور از کاسه گل سرازیر شد

the palace garden was divided into several parts
باغ کاخ به چند قسمت تقسیم شده بود
Each of the princesses had their own little plot of ground
هر یک از شاهزاده خانم ها زمین کوچک خود را داشتند
on this plot they could plant whatever flowers they pleased

در این قطعه می توانستند هر گلی را که دوست داشتند بکارند

one princess arranged her flower bed in the form of a whale

یک شاهزاده خانم تخت گل خود را به شکل یک نهنگ مرتب کرد

one princess arranged her flowers like a little mermaid

یک شاهزاده خانم گل هایش را مانند یک پری دریایی کوچک چیده بود

and the youngest child made her garden round, like the sun

و کوچکترین کودک باغ خود را مانند خورشید گرد ساخت

and in her garden grew beautiful red flowers

و در باغ او گلهای قرمز زیبا رشد کرد

these flowers were as red as the rays of the sunset

این گلها مثل تابش غروب خورشید قرمز بودند

She was a strange child; quiet and thoughtful

او بچه عجیبی بود. ساکت و متفکر

her sisters showed delight at the wonderful things

خواهرانش از چیز های شگفت انگیز لذت می بردند

the things they obtained from the wrecks of vessels

چیزهایی که از لاشه کشتی ها به دست آوردند

but she cared only for her pretty red flowers

اما او فقط به گلهای قرمز زیبایش اهمیت می داد

although there was also a beautiful marble statue

اگرچه مجسمه مرمری زیبایی نیز وجود داشت

the statue was the representation of a handsome boy

مجسمه نماد یک پسر خوش تیپ بود

the boy had been carved out of pure white stone

پسر از سنگ خالص سفید تراشیده شده بود

and the statue had fallen to the bottom of the sea from a wreck

و مجسمه از لاشه کشتی به ته دریا افتاده بود

for this marble statue of a boy she cared about too

برای این مجسمه مرمرین پسری که او نیز به او اهمیت می داد

She planted, by the statue, a rose-colored weeping willow

او در کنار مجسمه، بید گریان رز رنگی کاشت

and soon the weeping willow hung its fresh branches over the statue

و به زودی بید گریان شاخه های تازه خود را بر روی مجسمه آویزان کرد

the branches almost reached down to the blue sands

شاخه ها تقریباً به ماسه های آبی می رسید

The shadows of the tree had the color of violet

سایه های درخت رنگ بنفش داشت

and the shadows waved to and fro like the branches

و سایه‌ها مثل شاخه‌ها به این طرف و آن طرف تکان می‌خوردند

all of this created the most interesting illusion

همه اینها جالب ترین توهم را ایجاد کرد

it was as if the crown of the tree and the roots were playing

انگار تاج درخت و ریشه ها بازی می کردند

it looked as if they were trying to kiss each other

انگار می خواستند همدیگر را ببوسند

her greatest pleasure was hearing about the world above

بزرگترین لذت او شنیدن در مورد جهان بالا بود

the world above the deep sea she lived in

دنیای بالای دریای عمیقی که در آن زندگی می کرد

She made her old grandmother tell her all about the upper world

او مادربزرگ پیرش را وادار کرد که همه چیز را در مورد جهان بالا برای او تعریف کند

the ships and the towns, the people and the animals

کشتی ها و شهرها، مردم و حیوانات

up there the flowers of the land had fragrance

آن بالا گل های زمین عطر داشتند

the flowers below the sea had no fragrance

گلهای زیر دریا هیچ عطری نداشتند

up there the trees of the forest were green

آن بالا درختان جنگل سبز بودند

and the fishes in the trees could sing beautifully

و ماهی های درختان می توانستند به زیبایی آواز بخوانند

up there it was a pleasure to listen to the fish

گوش دادن به ماهی لذت بخش بود

her grandmother called the birds fishes

مادربزرگش پرنده ها را ماهی صدا می کرد

else the little mermaid would not have understood

وگرنه پری دریایی کوچولو نمی فهمید

because the little mermaid had never seen birds

چون پری دریایی کوچولو هرگز پرنده ندیده بود

her grandmother told her about the rites of mermaids

مادربزرگش در مورد آداب پری دریایی به او گفت

"one day you will reach your fifteenth year"

"یک روز به پانزده سالگی خود خواهی رسید"

"then you will have permission to go to the surface"

"سپس شما اجازه خواهید داشت که به سطح زمین بروید"

"you will be able to sit on the rocks in the moonlight"

"تو می توانی در نور مهتاب روی صخره ها بنشینی"

"and you will see the great ships go sailing by"

"و خواهید دید که کشتی های بزرگ در حال حرکت هستند"

"Then you will see forests and towns and the people"

"آنگاه جنگل ها و شهرها و مردم را خواهی دید"

the following year one of the sisters was going to be fifteen

سال بعد یکی از خواهر ها قرار بود پانزده ساله شود

but each sister was a year younger than the other

اما هر خواهر یک سال از دیگری کوچکتر بود

the youngest sister was going to have to wait five years before her turn

کوچکترین خواهر باید پنج سال قبل از نوبتش صبر کند

only then could she rise up from the bottom of the ocean

تنها در این صورت بود که او می توانست از ته اقیانوس بلند شود

and only then could she see the earth as we do

و تنها در این صورت بود که او می توانست زمین را مانند ما ببیند

However, each of the sisters made each other a promise

با این حال، هر یک از خواهران به یکدیگر قول دادند

they were going to tell the others what they had seen

قرار بود آنچه را که دیده بودند به دیگران بگویند

Their grandmother could not tell them enough

مادربزرگشان نمی توانست به اندازه کافی به آنها بگوید

there were so many things they wanted to know about
چیزهای زیادی وجود داشت که آنها می خواستند در مورد آنها بدانند

the youngest sister longed for her turn the most
کوچکترین خواهر بیش از همه آرزوی نوبت خود را داشت
but, she had to wait longer than all the others
اما، او مجبور شد بیشتر از بقیه منتظر بماند
and she was so quiet and thoughtful about the world
و او بسیار ساکت و متفکر به دنیا بود
there were many nights where she stood by the open window
شب های زیادی بود که او کنار پنجره باز ایستاده بود
and she looked up through the dark blue water
و از میان آب آبی تیره به بالا نگاه کرد
and she watched the fish as they splashed with their fins
و او ماهی ها را در حالی که با باله هایشان پاشیده بودند تماشا کرد
She could see the moon and stars shining faintly
او می توانست ماه و ستارگان را ببیند که ضعیف می درخشند
but from deep below the water these things look different
اما از اعماق زیر آب این چیزها متفاوت به نظر می رسند
the moon and stars looked larger than they do to our eyes
ماه و ستارگان بزرگتر از آنچه در چشم ما دیده می شود به نظر می رسید
sometimes, something like a black cloud went past
گاهی اوقات چیزی شبیه ابر سیاه می گذشت
she knew that it could be a whale swimming over her head
او می دانست که این می تواند نهنگی باشد که بالای سرش شنا می کند
or it could be a ship, full of human beings
یا ممکن است یک کشتی پر از انسان باشد
human beings who couldn't imagine what was under them
انسان‌هایی که نمی‌توانستند تصور کنند چه چیزی زیرشان است
a pretty little mermaid holding out her white hands
یک پری دریایی کوچک زیبا که دست های سفیدش را دراز کرده است
a pretty little mermaid reaching towards their ship
یک پری دریایی کوچک زیبا که به سمت کشتی آنها می رسد

The Little Mermaid's Sisters
خواهران پری دریایی کوچک

The day came when the eldest mermaid had her fifteenth birthday

روزی رسید که بزرگترین پری دریایی پانزدهمین سالگرد تولدش را داشت

now she was allowed to rise to the surface of the ocean

حالا به او اجازه داده شد تا به سطح اقیانوس برود

and that night she swum up to the surface

و آن شب او به سطح آب شنا کرد

you can imagine all the things she saw up there

شما می توانید تمام چیزهایی را که او در آنجا دیده است تصور کنید

and you can imagine all the things she had to talk about

و شما می توانید تمام چیزهایی را که او باید در مورد آنها صحبت می کرد تصور کنید

But the finest thing, she said, was to lie on a sand bank

اما بهترین چیز، او گفت، دراز کشیدن روی یک ساحل شنی بود

in the quiet moonlit sea, near the shore

در دریای آرام مهتابی، نزدیک ساحل

from there she had gazed at the lights on the land

از آنجا به نورهای روی زمین خیره شده بود

they were the lights of the near-by town

آنها چراغ های شهر مجاور بودند

the lights had twinkled like hundreds of stars

چراغ ها مثل صدها ستاره چشمک می زدند

she had listened to the sounds of music from the town

او به صداهای موسیقی شهر گوش داده بود

she had heard noise of carriages drawn by their horses

او صدای کالسکه هایی را که اسب هایشان کشیده بودند شنیده بود

and she had heard the voices of human beings

و صدای انسان ها را شنیده بود

and the had heard merry pealing of the bells

و صدای زنگ ها را شنیده بود

the bells ringing in the church steeples

زنگ‌ها در برج‌های کلیسا به صدا در می‌آیند

but she could not go near all these wonderful things
اما او نمی توانست به همه این چیزهای شگفت انگیز نزدیک شود
so she longed for these wonderful things all the more
بنابراین او بیش از پیش آرزوی این چیزهای شگفت انگیز را داشت

you can imagine how eagerly the youngest sister listened
می توانید تصور کنید که کوچکترین خواهر چقدر مشتاقانه گوش می دهد
the descriptions of the upper world were like a dream
توصیف عالم بالا مثل یک رویا بود
afterwards she stood at the open window of her room
سپس پشت پنجره باز اتاقش ایستاد
and she looked to the surface, through the dark-blue water
و او به سطح آب، از میان آب آبی تیره نگاه کرد
she thought of the great city her sister had told her of
او به شهر بزرگی که خواهرش به او گفته بود فکر کرد
the great city with all its bustle and noise
شهر بزرگ با همه شلوغی و سر و صدایش
she even fancied she could hear the sound of the bells
او حتی تصور می کرد که می تواند صدای زنگ ها را بشنود
she imagined the sound of the bells carried to the depths of the sea
او صدای ناقوس هایی را تصور می کرد که به اعماق دریا می رسید

after another year the second sister had her birthday
بعد از یک سال دیگر خواهر دوم تولدش بود
she too received permission to swim up to the surface
او نیز اجازه شنا به سطح را دریافت کرد
and from there she could swim about where she pleased
و از آنجا می توانست در جایی که دوست داشت شنا کند
She had gone to the surface just as the sun was setting
درست زمانی که خورشید در حال غروب بود به سطح آب رفته بود
this, she said, was the most beautiful sight of all
او گفت که این زیباترین منظره بود
The whole sky looked like a disk of pure gold
تمام آسمان شبیه قرصی از طلای خالص بود
and there were violet and rose-colored clouds

و ابرهای بنفش و گل رز وجود داشت
they were too beautiful to describe, she said
او گفت که آنها بیش از حد زیبا بودند که بتوان آنها را توصیف کرد
and she said how the clouds drifted across the sky
و او گفت که چگونه ابرها در آسمان حرکت کردند
and something had flown by more swiftly than the clouds
و چیزی سریعتر از ابرها پرواز کرده بود
a large flock of wild swans flew toward the setting sun
دسته بزرگی از قوهای وحشی به سمت غروب خورشید پرواز کردند
the swans had been like a long white veil across the sea
قوها مانند یک حجاب بلند سفید در آن سوی دریا بودند
She had also tried to swim towards the sun
او همچنین سعی کرده بود به سمت خورشید شنا کند
but some distance away the sun sank into the waves
اما کمی دورتر خورشید در امواج فرو رفت
she saw how the rosy tints faded from the clouds
او دید که چگونه رنگ های گلگون از ابرها محو می شوند
and she saw how the colour had also faded from the sea
و او دید که چگونه رنگ از دریا محو شده است

the next year it was the third sister's turn
سال بعد نوبت خواهر سوم بود
this sister was the most daring of all the sisters
این خواهر از همه خواهرها جسورتر بود
she swam up a broad river that emptied into the sea
او از رودخانه عریضی که به دریا می ریزد شنا کرد
On the banks of the river she saw green hills
در سواحل رودخانه تپه های سبز را دید
the green hills were covered with beautiful vines
تپه های سبز پوشیده از انگورهای زیبا بود
and on the hills there were forests of trees
و روی تپه‌ها جنگل‌هایی از درختان بود
and out of the forests palaces and castles poked out
و از جنگل ها کاخ ها و قلعه ها بیرون زدند
She had heard birds singing in the trees
آواز پرندگان را در درختان شنیده بود

and she had felt the rays of the sun on her skin
و پرتوهای خورشید را روی پوستش احساس کرده بود
the rays were so strong that she had to dive back
پرتوها آنقدر قوی بودند که او مجبور شد به عقب شیرجه بزند
and she cooled her burning face in the cool water
و صورت سوزانش را در آب خنک خنک کرد
In a narrow creek she found a group of little children
در یک نهر باریک او گروهی از بچه های کوچک را پیدا کرد
they were the first human children she had ever seen
آنها اولین بچه های انسانی بودند که او تا به حال دیده بود
She wanted to play with the children too
او هم می خواست با بچه ها بازی کند
but the children fled from her in a great fright
اما بچه ها با وحشت شدید از او فرار کردند
and then a little black animal came to the water
و سپس یک حیوان سیاه رنگ کوچک به آب آمد
it was a dog, but she did not know it was a dog
این یک سگ بود، اما او نمی دانست که یک سگ است
because she had never seen a dog before
چون قبلاً سگی ندیده بود
and the dog barked at the mermaid furiously
و سگ با خشم به پری دریایی پارس کرد
she became frightened and rushed back to the open sea
او ترسید و با عجله به سمت دریای آزاد برگشت
But she said she should never forget the beautiful forest
اما او گفت که هرگز نباید جنگل زیبا را فراموش کند
the green hills and the pretty children
تپه های سبز و بچه های زیبا
she found it exceptionally funny how they swam
به نظر او نحوه شنا کردن آنها بسیار خنده دار بود
because the little human children didn't have tails
چون بچه های انسان کوچک دم نداشتند
so with their little legs they kicked the water
بنابراین با پاهای کوچک خود به آب لگد زدند

The fourth sister was more timid than the last

خواهر چهارم ترسوتر از خواهر قبلی بود
She had decided to stay in the midst of the sea
تصمیم گرفته بود وسط دریا بماند
but she said it was as beautiful there as nearer the land
اما او گفت که آنجا به همان نزدیکی زمین زیبا است
from the surface she could see many miles around her
از سطح زمین می توانست مایل های زیادی را در اطراف خود ببیند
the sky above her looked like a bell of glass
آسمان بالای سرش شبیه زنگ شیشه ای بود
and she had seen the ships sail by
و او کشتی ها را دیده بود که در حال حرکت هستند
but the ships were at a very great distance from her
اما کشتی ها در فاصله بسیار زیادی از او بودند
and, with their sails, the ships looked like sea gulls
و با بادبان هایشان، کشتی ها شبیه مرغان دریایی بودند
she saw how the dolphins played in the waves
او دید که چگونه دلفین ها در امواج بازی می کنند
and great whales spouted water from their nostrils
و نهنگ های بزرگ از سوراخ های بینی خود آب بیرون می زدند
like a hundred fountains all playing together
مثل صد فواره که همه با هم بازی می کنند

The fifth sister's birthday occurred in the winter
تولد پنجمین خواهر در زمستان اتفاق افتاد
so she saw things that the others had not seen
بنابراین او چیزهایی را دید که دیگران ندیده بودند
at this time of the year the sea looked green
در این زمان از سال دریا سبز به نظر می رسید
large icebergs were floating on the green water
کوه های یخی بزرگ روی آب سبز شناور بودند
and each iceberg looked like a pearl, she said
او گفت و هر کوه یخ شبیه یک مروارید بود
but they were larger and loftier than the churches
اما آنها بزرگتر و بلندتر از کلیساها بودند
and they were of the most interesting shapes
و از جالب ترین شکل ها بودند

and each iceberg glittered like diamonds
و هر کوه یخ مانند الماس می درخشید
She had seated herself on one of the icebergs
خودش را روی یکی از کوه های یخ نشسته بود
and she let the wind play with her long hair
و اجازه داد باد با موهای بلندش بازی کند
She noticed something interesting about the ships
او متوجه چیز جالبی در مورد کشتی ها شد
all the ships sailed past the icebergs very rapidly
همه کشتی‌ها با سرعت از کنار کوه‌های یخ عبور کردند
and they steered away as far as they could
و تا آنجا که می توانستند دور شدند
it was as if they were afraid of the iceberg
انگار از کوه یخ می ترسیدند
she stayed out at sea into the evening
او تا غروب در دریا ماند
the sun went down and dark clouds covered the sky
خورشید غروب کرد و ابرهای تیره آسمان را پوشاند
the thunder rolled across the ocean of icebergs
رعد و برق در اقیانوس کوه های یخ غلتید
and the flashes of lightning glowed red on the icebergs
و برق های رعد و برق روی کوه های یخ قرمز می درخشید
and the icebergs were tossed about by the heaving sea
و کوه‌های یخ در کنار دریای خروشان پرتاب شدند
the sails of all the ships were trembling with fear
بادبان های همه کشتی ها از ترس می لرزیدند
and the mermaid sat calmly on the floating iceberg
و پری دریایی آرام روی کوه یخ شناور نشست
and she watched the lightning strike into the sea
و اصابت صاعقه به دریا را تماشا کرد

All of her five older sisters had grown up now
تمام پنج خواهر بزرگتر او اکنون بزرگ شده بودند
therefore they could go to the surface when they pleased
بنابراین آنها می توانند در صورت تمایل به سطح زمین بروند
at first they were delighted with the surface world

در ابتدا آنها از جهان سطحی خوشحال بودند
they couldn't get enough of the new and beautiful sights
آنها از دیدن مناظر جدید و زیبا سیر نمی شدند
but eventually they all grew indifferent towards the upper world
اما در نهایت همه آنها نسبت به جهان بالا بی تفاوت شدند
and after a month they didn't visit the surface world much at all anymore
و بعد از یک ماه دیگر اصلاً از دنیای سطحی دیدن نکردند
they told their sister it was much more beautiful at home
آنها به خواهرشان گفتند که در خانه بسیار زیباتر است

Yet often, in the evening hours, they did go up
با این حال اغلب، در ساعات عصر، آنها بالا می رفتند
the five sisters twined their arms round each other
پنج خواهر بازوهای خود را دور هم حلقه کردند
and together, arm in arm, they rose to the surface
و با هم، دست در دست، به سطح بالا آمدند
often they went up when there was a storm approaching
اغلب وقتی طوفانی نزدیک می شد بالا می رفتند
they feared that the storm might win a ship
آنها می ترسیدند که طوفان ممکن است کشتی را به دست آورد
so they swam to the vessel and sung to the sailors
بنابراین آنها به سمت کشتی شنا کردند و برای ملوانان آواز خواندند
Their voices were more charming than that of any human
صدای آنها از هر انسانی جذاب تر بود
and they begged the voyagers not to fear if they sank
و از مسافران التماس کردند که اگر غرق شدند نترسند
because the depths of the sea was full of delights
زیرا اعماق دریا پر از لذت بود
But the sailors could not understand their songs
اما ملوانان نمی توانستند آهنگ های آنها را بفهمند
and they thought their singing was the sighing of the storm
و آنها فکر کردند آواز آنها آه طوفان است
therefore their songs were never beautiful to the sailors
بنابراین آهنگ های آنها هرگز برای ملوانان زیبا نبود

because if the ship sank the men would drown
زیرا اگر کشتی غرق می شد، مردان غرق می شدند
the dead gained nothing from the palace of the Sea King
مردگان از کاخ پادشاه دریا چیزی به دست نیاوردند
but their youngest sister was left at the bottom of the sea
اما کوچکترین خواهرشان در ته دریا رها شد
looking up at them, she was ready to cry
با نگاه کردن به آنها، او آماده گریه بود
you should know mermaids have no tears that they can cry
باید بدانید که پری های دریایی اشکی ندارند که بتوانند گریه کنند
so her pain and suffering was more acute than ours
بنابراین درد و رنج او از ما شدیدتر بود
"Oh, I wish I was also fifteen years old!" said she
"آه، ای کاش من هم پانزده ساله بودم "گفت او
"I know that I shall love the world up there"
"می دانم که جهان آن بالا را دوست خواهم داشت"
"and I shall love all the people who live in that world"
"و من تمام افرادی را که در آن دنیا زندگی می کنند دوست خواهم داشت"

The Little Mermaid's Birthday
تولد پری دریایی کوچولو

but, at last, she too reached her fifteenth birthday
اما بالاخره او هم به پانزده سالگی رسید
"Well, now you are grown up," said her grandmother
مادربزرگش گفت: "خب حالا بزرگ شدی".
"Come, and let me adorn you like your sisters"
"بیا و بگذار تو را مانند خواهرت آراستم"
And she placed a wreath of white lilies in her hair
و تاج گلی از نیلوفر های سفید در موهایش گذاشت
every petal of the lilies was half a pearl
هر گلبرگ نیلوفر نیمی از مروارید بود
Then, the old lady ordered eight great oysters to come
سپس پیرزن دستور داد هشت صدف بزرگ بیایند
the oysters attached themselves to the tail of the princess
صدف ها خود را به دم شاهزاده خانم چسباندند
under the sea oysters are used to show your rank
صدف زیر دریا برای نشان دادن رتبه شما استفاده می شود
"But the oysters hurt me so," said the little mermaid
پری دریایی کوچولو گفت: "اما صدف ها به من صدمه زدند".
"Yes, I know oysters hurt," replied the old lady
پیرزن پاسخ داد: بله، می دانم صدف ها درد دارند
"but you know very well that pride must suffer pain"
"اما تو خوب می دانی که غرور باید رنج بکشد"
how gladly she would have shaken off all this grandeur
چقدر خوشحال می شد که این همه عظمت را از خود دور می کرد
she would have loved to lay aside the heavy wreath!
او دوست داشت تاج گل سنگین را کنار بگذارد!
she thought of the red flowers in her own garden
او به گل های قرمز در باغ خود فکر کرد
the red flowers would have suited her much better
گلهای قرمز خیلی بهتر به او می آمدند
But she could not change herself into something else
اما او نمی توانست خود را به چیز دیگری تغییر دهد
so she said farewell to her grandmother and sisters

پس با مادربزرگ و خواهرانش خداحافظی کرد
and, as lightly as a bubble, she rose to the surface
و به آرامی حباب به سطح زمین بلند شد

The sun had just set when she raised her head above the waves
خورشید تازه غروب کرده بود که سرش را بالای امواج بلند کرد
The clouds were tinted with crimson and gold from the sunset
ابرها از غروب آفتاب با رنگ زرشکی و طلایی رنگ شده بودند
and through the glimmering twilight beamed the evening star
و از میان تابش گرگ و میش ستاره شامگاهی تابید
The sea was calm, and the sea air was mild and fresh
دریا آرام بود و هوای دریا ملایم و با طراوت
A large ship with three masts lay lay calmly on the water
یک کشتی بزرگ با سه دکل آرام روی آب دراز کشیده بود
only one sail was set, for not a breeze stirred
فقط یک بادبان به راه افتاده بود، زیرا نسیمی تکان نمی خورد
and the sailors sat idle on deck, or amidst the rigging
و ملوانان بیکار روی عرشه یا در میان دکل ها نشستند
There was music and songs on board of the ship
در کشتی موسیقی و آهنگ وجود داشت
as darkness came a hundred colored lanterns were lighted
با فرا رسیدن تاریکی، صد فانوس رنگی روشن شد
it was as if the flags of all nations waved in the air
انگار پرچم همه ملت ها در هوا به اهتزاز درآمد

The little mermaid swam close to the cabin windows
پری دریایی کوچک نزدیک پنجره های کابین شنا کرد
now and then the waves of the sea lifted her up
گاه و بی گاه امواج دریا او را بلند می کردند
she could look in through the glass window-panes
او می توانست از پشت شیشه های شیشه ای به داخل نگاه کند
and she could see a number of curiously dressed people
و او می توانست تعدادی از افراد با لباس کنجکاو را ببیند

Among the people she could see there was a young prince
در میان افرادی که او می توانست ببیند یک شاهزاده جوان بود
the prince was the most beautiful of them all
شاهزاده از همه زیباتر بود
she had never seen anyone with such beautiful eyes
او هرگز کسی را با این چشمان زیبا ندیده بود
it was the celebration of his sixteenth birthday
جشن تولد شانزده سالگی او بود
The sailors were dancing on the deck of the ship
ملوانان روی عرشه کشتی در حال رقصیدن بودند
all cheered when the prince came out of the cabin
وقتی شاهزاده از کابین بیرون آمد همه تشویق شدند
and more than a hundred rockets rose into the air
و بیش از صد موشک به هوا بلند شد
for some time the fireworks made the sky as bright as day
برای مدتی آتش بازی آسمان را مانند روز روشن کرد
of course our young mermaid had never seen fireworks before
البته پری دریایی جوان ما قبلاً آتش بازی ندیده بود
startled by all the noise, she went back under the water
او که از این همه سر و صدا مبهوت شده بود، دوباره به زیر آب رفت
but soon she again stretched out her head
اما به زودی دوباره سرش را دراز کرد
it was as if all the stars of heaven were falling around her
انگار تمام ستارگان بهشت در اطراف او فرو می ریختند
splendid fireflies flew up into the blue air
شب تاب های باشکوه به هوای آبی پرواز کردند
and everything was reflected in the clear, calm sea
و همه چیز در دریای صاف و آرام منعکس شد
The ship itself was brightly illuminated by all the light
خود کشتی با تمام نور روشن شد
she could see all the people and even the smallest rope
او می توانست همه مردم و حتی کوچکترین طناب را ببیند
How handsome the young prince looked thanking his guests!

شاهزاده جوان در تشکر از مهمانانش چقدر خوش تیپ به نظر می رسید!

and the music resounded through the clear night air!
و موسیقی در هوای روشن شب طنین انداز شد!

the birthday celebrations lasted late into the night
جشن تولد تا پاسی از شب ادامه داشت

but the little mermaid could not take her eyes from the ship
اما پری دریایی کوچولو نتوانست چشمانش را از کشتی بگیرد

nor could she take her eyes from the beautiful prince
او نمی توانست چشمانش را از شاهزاده زیبا بگیرد

The colored lanterns had now been extinguished
حالا فانوس های رنگی خاموش شده بودند

and there were no more rockets that rose into the air
و دیگر موشکی وجود نداشت که به هوا برود

the cannon of the ship had also ceased firing
شلیک توپ کشتی نیز متوقف شده بود

but now it was the sea that became restless
اما حالا این دریا بود که ناآرام شد

a moaning, grumbling sound could be heard beneath the waves
صدای ناله و غرغر از زیر امواج شنیده می شد

and yet, the little mermaid remained by the cabin window
و با این حال، پری دریایی کوچک کنار پنجره کابین باقی ماند

she was rocking up and down on the water
او بالا و پایین روی آب تکان می خورد

so that she could keep looking into the ship
تا او بتواند به کشتی نگاه کند

After a while the sails were quickly set
پس از مدتی بادبان ها به سرعت به راه افتادند

and the ship went on her way back to port
و کشتی در راه بازگشت به بندر رفت

But soon the waves rose higher and higher
اما به زودی امواج بلندتر و بالاتر رفتند

dark, heavy clouds darkened the night sky

ابرهای تیره و سنگین آسمان شب را تاریک کردند
and there appeared flashes of lightning in the distance
و برق هایی از رعد و برق در دوردست ظاهر شد
not far away a dreadful storm was approaching
نه چندان دور یک طوفان مهیب نزدیک می شد
Once more the sails were lowered against the wind
یک بار دیگر بادبان ها در برابر باد پایین آمدند
and the great ship pursued her course over the raging sea
و کشتی بزرگ مسیر خود را بر فراز دریای خروشان دنبال کرد
The waves rose as high as the mountains
امواج به بلندی کوه ها بلند شدند
one would have thought the waves were going to have the ship
می شد فکر کرد که امواج کشتی را در اختیار خواهند داشت
but the ship dived like a swan between the waves
اما کشتی مانند یک قو بین امواج شیرجه زد
then she rose again on their lofty, foaming crests
سپس او دوباره بر روی تاج های بلند و کف آلود آنها برخاست
To the little mermaid this was pleasant to watch
برای پری دریایی کوچولو تماشای آن لذت بخش بود
but it was not pleasant for the sailors
اما برای ملوانان خوشایند نبود
the ship made awful groaning and creaking sounds
کشتی صداهای ناله و خش خش هولناکی می داد
and the waves broke over the deck of the ship again and again
و امواج بارها و بارها عرشه کشتی را شکستند
the thick planks gave way under the lashing of the sea
تخته های ضخیم زیر شلاق دریا جای خود را دادند
under the pressure the mainmast snapped asunder, like a reed
تحت فشار، دکل اصلی مانند نی از هم جدا شد
and, as the ship lay over on her side, the water rushed in
و در حالی که کشتی در کنار او دراز کشیده بود، آب سرازیر شد

The little mermaid realized that the crew were in danger

پری دریایی کوچک متوجه شد که خدمه در خطر هستند
her own situation wasn't without danger either
وضعیت خودش هم بدون خطر نبود
she had to avoid the beams and planks scattered in the water
او باید از تیرها و تخته های پراکنده در آب اجتناب می کرد
for a moment everything turned into complete darkness
برای یک لحظه همه چیز به تاریکی مطلق تبدیل شد
and the little mermaid could not see where she was
و پری دریایی کوچک نمی توانست ببیند کجاست
but then a flash of lightning revealed the whole scene
اما پس از آن رعد و برق تمام صحنه را آشکار کرد
she could see everyone was still on board of the ship
او می توانست ببیند که همه هنوز در کشتی هستند
well, everyone was on board of the ship, except the prince
خوب، همه سوار کشتی بودند، به جز شاهزاده
the ship continued on its path to the land
کشتی به مسیر خود به سمت خشکی ادامه داد
and she saw the prince sink into the deep waves
و شاهزاده را دید که در امواج عمیق فرو می رود
for a moment this made her happier than it should have
برای یک لحظه این او را بیشتر از آنچه باید خوشحال کرد
now that he was in the sea she could be with him
حالا که او در دریا بود، او می توانست با او باشد
Then she remembered the limits of human beings
سپس به یاد محدودیت های انسان افتاد
the people of the land cannot live in the water
مردم این سرزمین نمی توانند در آب زندگی کنند
if he got to the palace he would already be dead
اگر به قصر می رسید، مرده بود
"No, he must not die!" she decided
"نه، او نباید بمیرد!"او تصمیم گرفت
she forget any concern for her own safety
او هر گونه نگرانی برای امنیت خود را فراموش می کند
and she swam through the beams and planks
و او از میان تیرها و تخته ها شنا کرد
two beams could easily crush her to pieces

دو پرتو به راحتی می توانستند او را تکه تکه کنند

she dove deep under the dark waters

او در اعماق آب های تاریک کبوتر می کرد

everything rose and fell with the waves

همه چیز با امواج بالا و پایین شد

finally, she managed to reach the young prince

سرانجام او موفق شد به شاهزاده جوان برسد

he was fast losing the power to swim in the stormy sea

او به سرعت قدرت شنا کردن در دریای طوفانی را از دست می داد

His limbs were starting to fail him

اندام هایش کم کم داشت از کار می افتاد

and his beautiful eyes were closed

و چشمان زیبایش بسته بود

he would have died had the little mermaid not come

اگر پری دریایی کوچولو نمی آمد او می مرد

She held his head above the water

سرش را بالای آب نگه داشت

and she let the waves carry them where they wanted

و اجازه داد امواج آنها را به جایی که می خواستند ببرند

In the morning the storm had ceased

صبح طوفان متوقف شده بود

but of the ship not a single fragment could be seen

اما حتی یک تکه از کشتی دیده نشد

The sun came up, red and shining, out of the water

خورشید سرخ و درخشان از آب بیرون آمد

the sun's beams had a healing effect on the prince

پرتوهای خورشید اثر شفابخشی بر شاهزاده داشت

the hue of health returned to the prince's cheeks

رنگ سلامتی به گونه های شاهزاده بازگشت

but despite the sun, his eyes remained closed

اما با وجود آفتاب چشمانش بسته ماند

The mermaid kissed his high, smooth forehead

پری دریایی پیشانی بلند و صاف او را بوسید

and she stroked back his wet hair

و موهای خیس او را نوازش کرد

He seemed to her like the marble statue in her garden
به نظرش مثل مجسمه مرمرین باغش بود
so she kissed him again, and wished that he lived
پس دوباره او را بوسید و آرزو کرد که او زنده بماند

Presently, they came in sight of land
در حال حاضر، آنها به چشم زمین آمدند
and she saw lofty blue mountains on the horizon
و او کوههای آبی رفیع را در افق دید
on top of the mountains the white snow rested
بر فراز کوهها برف سفید آرام گرفت
as if a flock of swans were lying upon the mountains
انگار دسته‌ای از قوها روی کوه‌ها افتاده‌اند
Beautiful green forests were near the shore
جنگل های سبز زیبا نزدیک ساحل بود
and close by there stood a large building
و در نزدیکی آن ساختمان بزرگی قرار داشت
it could have been a church or a convent
می توانست یک کلیسا یا صومعه باشد
but she was still too far away to be sure
اما او هنوز خیلی دور بود تا مطمئن شود
Orange and citron trees grew in the garden
درختان پرتقال و مرکبات در باغ می روییدند
and before the door stood lofty palms
و جلوی در، کف دست های بلندی ایستاده بود
The sea here formed a little bay
دریا در اینجا یک خلیج کوچک تشکیل داده است
in the bay the water lay quiet and still
در خلیج آب آرام و بی حرکت بود
but although the water was still, it was very deep
اما با اینکه آب ساکن بود، اما بسیار عمیق بود
She swam with the handsome prince to the beach
او با شاهزاده خوش تیپ تا ساحل شنا کرد
the beach was covered with fine white sand
ساحل پوشیده از ماسه سفید ریز بود
and on the sand she laid him in the warm sunshine

و او را در آفتاب گرم روی شن ها گذاشت

she took care to raise his head higher than his body

او مراقب بود که سر او را بالاتر از بدنش بردارد

Then bells sounded from the large white building

سپس زنگ ها از ساختمان بزرگ سفید به صدا در آمد

some young girls came into the garden

چند دختر جوان به باغ آمدند

The little mermaid swam out farther from the shore

پری دریایی کوچولو دورتر از ساحل شنا کرد

she hid herself among some high rocks in the water

او خود را در میان چند صخره بلند در آب پنهان کرد

she covered her head and neck with the foam of the sea

سر و گردنش را با کف دریا پوشانده بود

and she watched to see what would become of the poor prince

و او تماشا کرد تا ببیند سرنوشت شاهزاده بیچاره چه خواهد شد

It was not long before she saw a young girl approach

طولی نکشید که دختر جوانی را دید که نزدیک می شود

the young girl seemed frightened, at first

دختر جوان در ابتدا ترسیده به نظر می رسید

but her fear only lasted for a moment

اما ترس او فقط یک لحظه دوام آورد

then she brought over a number of people

سپس چند نفر را آورد

and the mermaid saw that the prince came to life again

و پری دریایی دید که شاهزاده دوباره زنده شد

he smiled upon those who stood around him

او به کسانی که در اطراف او ایستاده بودند لبخند زد

But to the little mermaid the prince sent no smile

اما شاهزاده هیچ لبخندی برای پری دریایی کوچک فرستاد

he knew not that it was her who had saved him

نمی دانست که این او بود که او را نجات داده بود

This made the little mermaid very sorrowful

این امر پری دریایی کوچک را بسیار اندوهگین کرد

and then he was led away into the great building

و سپس او را به داخل ساختمان بزرگ هدایت کردند
and the little mermaid dived down into the water
و پری دریایی کوچک در آب شیرجه زد
and she returned to her father's castle
و او به قلعه پدرش بازگشت

The Little Mermaid Longs for the Upper World
پری دریایی کوچولو آرزوی دنیای بالا را دارد

She had always been the most silent and thoughtful of the sisters
او همیشه ساکت ترین و متفکرترین خواهر بود

and now she was more silent and thoughtful than ever
و حالا بیشتر از همیشه ساکت و متفکر بود

Her sisters asked her what she had seen on her first visit
خواهرانش از او پرسیدند که در اولین ملاقاتش چه چیزی دیده بود

but she could tell them nothing of what she had seen
اما او نتوانست چیزی از آنچه دیده بود به آنها بگوید

Many an evening and morning she returned to the surface
بسیاری از غروب و صبح او به سطح بازگشت

and she went to the place where she had left the prince
و به جایی رفت که شاهزاده را ترک کرده بود

She saw the fruits in the garden ripen
او میوه های باغ را دید که رسیده اند

and she watched the fruits gathered from their trees
و او میوه های جمع آوری شده از درختان خود را تماشا کرد

she watched the snow on the mountain tops melt away
او آب شدن برف قله های کوه را تماشا کرد

but on none of her visits did she see the prince again
اما در هیچ یک از دیدارهایش، شاهزاده را دوباره ندید

and therefore she always returned more sorrowful than when she left
و بنابراین همیشه غمگین تر از زمانی که می رفت برمی گشت

her only comfort was sitting in her own little garden
تنها راحتی او نشستن در باغ کوچک خودش بود

she flung her arms around the beautiful marble statue
او دستانش را دور مجسمه زیبای مرمری انداخت

the statue which looked just like the prince
مجسمه ای که شبیه شاهزاده بود

She had given up tending to her flowers
او مراقبت از گل هایش را رها کرده بود

and her garden grew in wild confusion
و باغ او در سردرگمی وحشی رشد کرد
they twinied the long leaves and stems of the flowers around the trees
برگ ها و ساقه های بلند گل ها را در اطراف درختان دوقلوی می کردند
so that the whole garden became dark and gloomy
به طوری که تمام باغ تاریک و تاریک شد

eventually she could bear the pain no longer
در نهایت او دیگر نتوانست درد را تحمل کند
and she told one of her sisters all that had happened
و به یکی از خواهرانش تمام اتفاقات را گفت
soon the other sisters heard the secret
به زودی خواهران دیگر راز را شنیدند
and very soon her secret became known to several maids
و خیلی زود راز او برای چندین خدمتکار آشکار شد
one of the maids had a friend who knew about the prince
یکی از خدمتکاران دوستی داشت که از شاهزاده خبر داشت
She had also seen the festival on board the ship
او همچنین جشنواره را در کشتی دیده بود
and she told them where the prince came from
و او به آنها گفت که شاهزاده از کجا آمده است
and she told them where his palace stood
و او به آنها گفت که قصر او کجاست

"Come, little sister," said the other princesses
شاهزاده خانم های دیگر گفتند" :بیا خواهر کوچک".
they entwined their arms and rose up together
آنها بازوهای خود را در هم پیچیده و با هم برخاستند
they went near to where the prince's palace stood
نزدیک جایی که قصر شاهزاده بود رفتند
the palace was built of bright-yellow, shining stone
کاخ از سنگ زرد روشن و درخشان ساخته شده بود
and the palace had long flights of marble steps
و کاخ دارای پله های مرمری طولانی بود
one of the flights of steps reached down to the sea

- 28 -

یکی از پله ها تا پایین دریا می رسید
Splendid gilded cupolas rose over the roof
گنبدهای طلاکاری شده باشکوه بر فراز پشت بام بلند شد
the whole building was surrounded by pillars
تمام ساختمان با ستون ها احاطه شده بود
and between the pillars stood lifelike statues of marble
و بین ستون ها مجسمه های واقعی از مرمر ایستاده بود
they could see through the clear crystal of the windows
آنها می توانستند از طریق کریستال شفاف پنجره ها را ببینند
and they could look into the noble rooms
و آنها می توانستند به اتاق های نجیب نگاه کنند
costly silk curtains and tapestries hung from the ceiling
پرده های ابریشمی گران قیمت و ملیله ها از سقف آویزان شده بود
and the walls were covered with beautiful paintings
و دیوارها با نقاشی های زیبا پوشیده شده بود
In the centre of the largest salon was a fountain
در مرکز بزرگترین سالن یک فواره قرار داشت
the fountain threw its sparkling jets high up
فواره فواره های درخشان خود را به بالا پرتاب کرد
the water splashed onto the glass cupola of the ceiling
آب به گنبد شیشه ای سقف پاشید
and the sun shone in through the water
و خورشید از میان آب درخشید
and the water splashed on the plants around the fountain
و آب روی گیاهان اطراف فواره پاشید

Now the little mermaid knew where the prince lived
حالا پری دریایی کوچولو می دانست شاهزاده کجا زندگی می کند
so she spent many a night in those waters
بنابراین او شبهای زیادی را در آن آبها گذراند
she got more courageous than her sisters had been
او شجاع تر از خواهرانش بود
and she swam much nearer the shore than they had
و او بسیار نزدیکتر از آنچه آنها داشتند به ساحل شنا کرد
once she went up the narrow channel, under the marble balcony

یک بار از کانال باریک، زیر بالکن مرمر بالا رفت
the balcony threw a broad shadow on the water
بالکن سایه وسیعی روی آب انداخت
Here she sat and watched the young prince
در اینجا او نشسته و شاهزاده جوان را تماشا کرد
he, of course, thought he was alone in the bright moonlight
او البته فکر می کرد که در نور مهتاب تنهاست

She often saw him in the evenings, sailing in a beautiful boat
او اغلب او را عصرها می دید که در یک قایق زیبا در حال حرکت است
music sounded from the boat and the flags waved
موسیقی از قایق به صدا درآمد و پرچم ها به اهتزاز در آمد
She peeped out from among the green rushes
او از میان سراسیمه های سبز به بیرون نگاه کرد
at times the wind caught her long silvery-white veil
گاهی باد حجاب بلند نقره‌ای مایل به سفید او را گرفت
those who saw her veil believed it to be a swan
کسانی که حجاب او را دیدند، باور کردند که آن یک قو است
her veil had all the appearance of a swan spreading its wings
حجاب او تماماً شبیه قو بود که بالهایش را باز کرده است

Many a night, too, she watched the fishermen set their nets
او نیز در بسیاری از شب ها، ماهیگیرانی را تماشا می کرد که تورهای خود را تنظیم می کردند
they cast their nets in the light of their torches
آنها تورهای خود را در نور مشعلهای خود می افکنند
and she heard them tell many good things about the prince
و او شنید که آنها چیزهای خوب زیادی در مورد شاهزاده می گویند
this made her glad that she had saved his life
این او را خوشحال کرد که جان او را نجات داده است
when he was tossed around half dead on the waves
وقتی او را نیمه جان روی امواج انداختند
She remembered how his head had rested on her bosom
او به یاد آورد که چگونه سر او روی سینه اش قرار گرفته بود

and she remembered how heartily she had kissed him
و به یاد آورد که چقدر صمیمانه او را بوسیده بود
but he knew nothing of all that had happened
اما او هیچ چیز از همه آنچه اتفاق افتاده بود نمی دانست
the young prince could not even dream of the little mermaid
شاهزاده جوان حتی نمی توانست پری دریایی کوچک را در خواب ببیند

She grew to like human beings more and more
او بیشتر و بیشتر انسان ها را دوست داشت
she wished more and more to be able to wander their world
او بیشتر و بیشتر آرزو می کرد که بتواند در جهان آنها سرگردان باشد
their world seemed to be so much larger than her own
دنیای آنها بسیار بزرگتر از دنیای او به نظر می رسید
They could fly over the sea in ships
آنها می توانستند با کشتی بر فراز دریا پرواز کنند
and they could mount the high hills far above the clouds
و آنها می توانستند تپه های بلند را بسیار بالای ابرها سوار کنند
in their lands they possessed woods and fields
در سرزمین های خود دارای جنگل ها و مزارع بودند
the greenery stretched beyond the reach of her sight
فضای سبز فراتر از چشم او بود
There was so much that she wished to know!
خیلی چیزها بود که آرزو داشت بداند!
but her sisters were unable to answer all her questions
اما خواهرانش نتوانستند به همه سؤالات او پاسخ دهند
She then went to her old grandmother for answers
سپس برای پاسخ نزد مادربزرگ پیرش رفت
her grandmother knew all about the upper world
مادربزرگش همه چیز را در مورد جهان بالا می دانست
she rightly called this world "the lands above the sea"
او به درستی این جهان را" سرزمین های بالای دریا "نامید

"If human beings are not drowned, can they live forever?"
اگر انسان ها غرق نشوند آیا می توانند برای همیشه زنده بمانند؟
"Do they never die, as we do here in the sea?"
"آیا آنها هرگز نمی میرند، همانطور که ما اینجا در دریا می کنیم؟"

"Yes, they die too," replied the old lady
پیرزن پاسخ داد: "بله، آنها هم می میرند
"like us, they must also die," added her grandmother
مادربزرگش افزود: «آنها هم مثل ما باید بمیرند.»
"and their lives are even shorter than ours"
"و زندگی آنها حتی از ما کوتاهتر است"
"We sometimes live for three hundred years"
"ما گاهی سیصد سال زندگی می کنیم"
"but when we cease to exist here we become foam"
"اما وقتی اینجا دیگر وجود نداریم، کف می شویم"
"and we float on the surface of the water"
"و ما روی سطح آب شناوریم"
"we do not have graves for those we love"
"ما برای کسانی که دوستشان داریم قبر نداریم"
"and we have not immortal souls"
"و ما روح جاودانه نداریم"
"after we die we shall never live again"
"بعد از مرگ ما دیگر زندگی نخواهیم کرد"
"like the green seaweed, once it has been cut off"
"مثل جلبک دریایی سبز، زمانی که قطع شود"
"after we die, we can never flourish again"
"بعد از مرگ، دیگر هرگز نمی توانیم شکوفا شویم"
"Human beings, on the contrary, have souls"
"انسان ها برعکس روح دارند"
"even after they're dead their souls live forever"
"حتی پس از مرگ آنها روح آنها برای همیشه زنده است"
"when we die our bodies turn to foam"
"وقتی می میریم بدن ما به کف تبدیل می شود"
"when they die their bodies turn to dust"
"وقتی می میرند بدنشان خاک می شود"
"when we die we rise through the clear, blue water"
"وقتی می میریم از میان آب شفاف و آبی بلند می شویم"
"when they die they rise up through the clear, pure air"
"وقتی می میرند در هوای صاف و پاک برمی خیزند"
"when we die we float no further than the surface"
"وقتی می میریم بیشتر از سطح شناور نمی شویم"

- 32 -

"but when they die they go beyond the glittering stars"
"اما وقتی می میرند فراتر از ستاره های درخشان می روند"
"we rise out of the water to the surface"
"ما از آب به سطح می رویم"
"and we behold all the land of the earth"
"و ما همه سرزمین زمین را می بینیم"
"they rise to unknown and glorious regions"
"به مناطق ناشناخته و باشکوه می روند"
"glorious and unknown regions which we shall never see"
"مناطق با شکوه و ناشناخته ای که هرگز نخواهیم دید"
the little mermaid mourned her lack of a soul
پری دریایی کوچولو عزادار نبود روحش بود
"Why have not we immortal souls?" asked the little mermaid
"چرا ما روح های جاودانه نداریم؟" پری دریایی کوچولو پرسید
"I would gladly give all the hundreds of years that I have"
"با کمال میل تمام صدها سالی که دارم را تقدیم می کنم"
"I would trade it all to be a human being for one day"
"من همه چیز را با یک انسان بودن با یک روز عوض می کنم"
"I can not imagine the hope of knowing such happiness"
"من نمی توانم امید به دانستن چنین شادی را تصور کنم"
"the happiness of that glorious world above the stars"
"خوشبختی آن دنیای باشکوه بر فراز ستارگان"
"You must not think that way," said the old woman
پیرزن گفت: نباید اینطور فکر کنی
"We believe that we are much happier than the humans"
"ما معتقدیم که بسیار شادتر از انسان ها هستیم"
"and we believe we are much better off than human beings"
"و ما معتقدیم که وضعیت ما بسیار بهتر از انسان است"

"So I shall die," said the little mermaid
پری دریایی کوچولو گفت: پس من خواهم مرد
"being the foam of the sea, I shall be washed about"
"از آنجا که کف دریا هستم، شسته خواهم شد"
"never again will I hear the music of the waves"
"دیگر موسیقی امواج را نخواهم شنید"
"never again will I see the pretty flowers"

"دیگر گلهای زیبا را نخواهم دید"
"nor will I ever again see the red sun"
"نه دیگر خورشید سرخ را نخواهم دید"
"Is there anything I can do to win an immortal soul?"
"آیا کاری هست که بتوانم برای به دست آوردن یک روح جاودانه انجام دهم؟"
"No," said the old woman, "unless..."
پیرزن گفت: نه، مگر اینکه...
"there is just one way to gain a soul"
"فقط یک راه برای به دست آوردن روح وجود دارد".
"a man has to love you more than he loves his father and mother"
"یک مرد باید شما را بیشتر از پدر و مادرش دوست داشته باشد"
"all his thoughts and love must be fixed upon you"
"تمام افکار و عشق او باید بر شما متمرکز شود"
"he has to promise to be true to you here and hereafter"
"او باید قول دهد که در اینجا و بعد از آن با شما صادق باشد"
"the priest has to place his right hand in yours"
"کشیش باید دست راستش را در دست تو بگذارد"
"then your man's soul would glide into your body"
"آنگاه روح مرد شما به بدن شما سرازیر می شود"
"you would get a share in the future happiness of mankind"
"شما در خوشبختی آینده بشر سهم خواهید داشت"
"He would give to you a soul and retain his own as well"
"او به شما روح می بخشد و روح خود را نیز حفظ می کند".
"but it is impossible for this to ever happen"
"اما غیرممکن است که هرگز چنین اتفاقی بیفتد"
"Your fish's tail, among us, is considered beautiful"
"دم ماهی تو در میان ما زیباست"
"but on earth your fish's tail is considered ugly"
"اما روی زمین دم ماهی شما زشت تلقی می شود"
"The humans do not know any better"
"انسانها بهتر نمی دانند"
"their standard of beauty is having two stout props"
"معیار زیبایی آنها داشتن دو تکیه گاه محکم است"
"these two stout props they call their legs"

"این دو تکیه گاه تنومند را پاهایشان می نامند"

The little mermaid sighed at what appeared to be her destiny

پری دریایی کوچولو از چیزی که به نظر می رسید سرنوشت او بود آه کشید

and she looked sorrowfully at her fish's tail

و او با اندوه به دم ماهی خود نگاه کرد

"Let us be happy with what we have," said the old lady

بانوی مسن گفت :بگذار با آنچه داریم خوشحال باشیم

"let us dart and spring about for the three hundred years"

"بیایید سیصد سال دور بزنیم و بهار کنیم"

"and three hundred years really is quite long enough"

"و سیصد سال واقعاً به اندازه کافی طولانی است"

"After that we can rest ourselves all the better"

"بعد از آن بهتر می توانیم به خود استراحت دهیم"

"This evening we are going to have a court ball"

"امروز عصر ما یک توپ زمینی خواهیم داشت"

It was one of those splendid sights we can never see on earth

این یکی از آن مناظر باشکوهی بود که هرگز نمی‌توانیم روی زمین ببینیم

the court ball took place in a large ballroom

توپ دادگاه در یک سالن بزرگ برگزار شد

The walls and the ceiling were of thick transparent crystal

دیوارها و سقف از کریستال شفاف ضخیم بود

Many hundreds of colossal sea shells stood in rows on each side

صدها صدف دریایی عظیم در ردیف در هر طرف ایستاده بودند

some of the sea shells were deep red, others were grass green

برخی از پوسته های دریایی قرمز تیره و برخی دیگر سبز چمنی بودند

and each of the sea shells had a blue fire in it

و هر یک از صدف های دریایی آتش آبی در آن بود

These fires lighted up the whole salon and the dancers

این آتش ها کل سالن و رقصندگان را روشن کرد

and the sea shells shone out through the walls

و صدف های دریایی از میان دیوارها می درخشیدند

so that the sea was also illuminated by their light
به طوری که دریا نیز از نور آنها روشن شد
Innumerable fishes, great and small, swam past
ماهی های بی شماری، بزرگ و کوچک، شنا کردند
some of the fishes scales glowed with a purple brilliance
برخی از فلس های ماهی با درخشندگی بنفش می درخشیدند
and other fishes shone like silver and gold
و ماهی های دیگر مانند نقره و طلا می درخشیدند
Through the halls flowed a broad stream
از میان سالن ها نهر وسیعی می گذشت
and in the stream danced the mermen and the mermaids
و در جویبار پری دریایی و پری دریایی می رقصیدند
they danced to the music of their own sweet singing
آنها با موسیقی آواز شیرین خود رقصیدند

No one on earth has such lovely voices as they
هیچ کس روی زمین به اندازه آنها صدای دوست داشتنی ندارد
but the little mermaid sang more sweetly than all
اما پری دریایی کوچولو از همه شیرین تر آواز خواند
The whole court applauded her with hands and tails
تمام دادگاه با دست و دم او را تشویق کردند
and for a moment her heart felt quite happy
و برای یک لحظه قلب او کاملاً خوشحال شد
because she knew she had the sweetest voice in the sea
چون می دانست شیرین ترین صدای دریا را دارد
and she knew she had the sweetest voice on land
و او می دانست که شیرین ترین صدای روی زمین را دارد
But soon she thought again of the world above her
اما به زودی دوباره به دنیای بالای سرش فکر کرد
she could not forget the charming prince
او نتوانست شاهزاده جذاب را فراموش کند
it reminded her that he had an immortal soul
به او یادآوری کرد که او روحی جاودانه دارد
and she could not forget that she had no immortal soul
و او نمی تواند فراموش کند که او روح جاودانه ای ندارد
She crept away silently out of her father's palace

او بی صدا از قصر پدرش بیرون رفت
everything within was full of gladness and song
همه چیز درون پر از شادی و آهنگ بود
but she sat in her own little garden, sorrowful and alone
اما او در باغ کوچک خودش نشسته بود، غمگین و تنها
Then she heard the bugle sounding through the water
سپس صدای بوق را از میان آب شنید
and she thought, "He is certainly sailing above"
و او فکر کرد: "او مطمئناً در بالا قایقرانی است"
"he, the beautiful prince, in whom my wishes centre"
"او، شاهزاده زیبا، که در مرکز آرزوهای من است"
"he, in whose hands I should like to place my happiness"
"او که دوست دارم شادی خود را در دستان او بگذارم"
"I will venture all for him to win an immortal soul"
"من همه چیز را برای او به کار خواهم گرفت تا روحی جاودانه به دست بیاورم"
"my sisters are dancing in my father's palace"
"خواهرانم در قصر پدرم در حال رقصیدن هستند"
"but I will go to the sea witch"
"اما من به جادوگر دریا خواهم رفت"
"the sea witch of whom I have always been so afraid"
"جادوگر دریایی که همیشه از او می ترسیدم"
"but the sea witch can give me counsel, and help"
"اما جادوگر دریا می تواند به من مشاوره دهد و کمک کند"

The Sea Witch
جادوگر دریا

Then the little mermaid went out from her garden
سپس پری دریایی کوچک از باغ خود بیرون رفت
and she took the path to the foaming whirlpools
و او راه گرداب های کف آلود را در پیش گرفت
behind the foaming whirlpools the sorceress lived
در پشت گرداب های کف آلود، جادوگر زندگی می کرد
the little mermaid had never gone that way before
پری دریایی کوچولو قبلاً به این سمت نرفته بود
Neither flowers nor grass grew where she was going
جایی که او می رفت نه گل می رویید و نه علف
there was nothing but bare, gray, sandy ground
چیزی جز زمین لخت، خاکستری و شنی وجود نداشت
this barren land stretched out to the whirlpool
این زمین بایر تا گرداب امتداد داشت
the water was like foaming mill wheels
آب مثل چرخ های آسیاب کف زده بود
and the whirlpools seized everything that came within reach
و گرداب ها هر چیزی را که در دسترس بود تصرف کردند
the whirlpools cast their prey into the fathomless deep
گرداب ها طعمه های خود را به اعماق بی حد و حصر می اندازند
Through these crushing whirlpools she had to pass
او باید از میان این گرداب های خردکننده عبور می کرد
only then could she reach the dominions of the sea witch
تنها در این صورت می‌توانست به قلمروهای جادوگر دریا برسد
after this came a stretch of warm, bubbling mire
پس از این، منجلاب گرم و جوشان آمد
the sea witch called the bubbling mire her turf moor
جادوگر دریا، منجلاب جوشان را لنگه چمن خود نامید

Beyond her turf moor was the witch's house
فراتر از لنگه چمن او خانه جادوگر بود
her house stood in the centre of a strange forest
خانه او در مرکز یک جنگل عجیب قرار داشت

in this forest all the trees and flowers were polypi
در این جنگل همه درختان و گلها پولیپی بودند
but they were only half plant; the other half was animal
اما آنها فقط نیمی از گیاه بودند. نیمی دیگر حیوان بود
They looked like serpents with a hundred heads
شبیه مارهایی با صد سر بودند
and each serpent was growing out of the ground
و هر مار از زمین می رویید
Their branches were long, slimy arms
شاخه های آنها بازوهای بلند و لزج بود
and they had fingers like flexible worms
و انگشتانی مانند کرم های انعطاف پذیر داشتند
each of their limbs, from the root to the top, moved
هر یک از اندام های آنها، از ریشه تا بالا، حرکت کردند
All that could be reached in the sea they seized upon
همه چیزهایی که می شد در دریا به دست آورد
and what they caught they held on tightly to
و آنچه را گرفتند محکم به آن چنگ زدند
so that what they caught never escaped from their clutches
به طوری که چیزی که گرفتار شدند هرگز از چنگال آنها درنیامد

The little mermaid was alarmed at what she saw
پری دریایی کوچولو از چیزی که دید نگران شد
she stood still and her heart beat with fear
او ایستاده بود و قلبش از ترس می تپید
She came very close to turning back
او خیلی نزدیک بود که به عقب برگردد
but she thought of the beautiful prince
اما او به شاهزاده زیبا فکر کرد
and she thought of the human soul for which she longed
و به روح انسانی که آرزویش را داشت فکر کرد
with these thoughts her courage returned
با این افکار شجاعت او بازگشت
She fastened her long, flowing hair round her head
موهای بلند و روانش را دور سرش بست
so that the polypi could not grab hold of her hair

به طوری که پولیپی نتوانست موهایش را بگیرد
and she crossed her hands across her bosom
و دست هایش را روی سینه اش رد کرد
and then she darted forward like a fish through the water
و سپس مانند ماهی از میان آب به جلو رفت
between the subtle arms and fingers of the ugly polypi
بین بازوهای ظریف و انگشتان پولیپی زشت
the polypi were stretched out on each side of her
پولیپی ها در هر طرف او کشیده شده بودند
She saw that they all held something in their grasp
او دید که همه آنها چیزی را در دست داشتند
something they had seized with their numerous little arms
چیزی که آنها با بازوهای کوچک متعدد خود گرفته بودند
they were holding white skeletons of human beings
آنها اسکلت های سفید انسان را در دست داشتند
sailors who had perished at sea in storms
ملوانانی که در دریا در طوفان جان خود را از دست داده بودند
sailors who had sunk down into the deep waters
ملوانانی که در آبهای عمیق غرق شده بودند
and there were skeletons of land animals
و اسکلت حیوانات خشکی وجود داشت
and there were oars, rudders, and chests of ships
و پاروها، سکان‌ها و صندوق‌های کشتی وجود داشت
There was even a little mermaid whom they had caught
حتی یک پری دریایی کوچک هم بود که او را گرفته بودند
the poor mermaid must have been strangled by the hands
پری دریایی بیچاره باید با دستانش خفه شده باشد
to her this seemed the most shocking of all
برای او این تکان دهنده ترین از همه به نظر می رسید

finally, she came to a space of marshy ground in the woods
سرانجام به فضایی از باتلاق در جنگل رسید
here there were large fat water snakes rolling in the mire
در اینجا مارهای آب چاق بزرگی در منجلاب غلت می زدند
the snakes showed their ugly, drab-colored bodies
مارها بدن زشت و بی رنگ خود را نشان دادند

In the midst of this spot stood a house
در وسط این نقطه خانه ای قرار داشت
the house was built of the bones of shipwrecked human beings
خانه از استخوان های انسان های کشتی شکسته ساخته شده است
and in the house sat the sea witch
و در خانه جادوگر دریا نشسته بود
she was allowing a toad to eat from her mouth
او به وزغ اجازه می داد از دهانش غذا بخورد
just like when people feed a canary with pieces of sugar
درست مثل وقتی که مردم به قناری با تکه های قند غذا می دهند
She called the ugly water snakes her little chickens
او مارهای آب زشت را جوجه های کوچکش نامید
and she allowed her little chickens to crawl all over her
و به جوجه های کوچکش اجازه داد تا روی او بخزند

"I know what you want," said the sea witch
جادوگر دریا گفت :می دانم چه می خواهی
"It is very stupid of you to want such a thing"
"این خیلی احمقانه است که شما چنین چیزی را بخواهید"
"but you shall have your way, however stupid it is"
"اما تو راه خودت را خواهی داشت هر چند احمقانه باشد"
"though your wish will bring you to sorrow, my pretty princess"
"اگرچه آرزویت تو را غمگین می کند، شاهزاده خانم زیبای من"
"You want to get rid of your mermaid's tail"
"میخوای از شر دم پری دریاییت خلاص بشی"
"and you want to have two stumps instead"
"و شما می خواهید به جای آن دو کنده داشته باشید"
"this will make you like the human beings on earth"
"این شما را شبیه انسان های روی زمین می کند"
"and then the young prince might fall in love with you"
"و سپس شاهزاده جوان ممکن است عاشق شما شود"
"and then you might have an immortal soul"
"و آنگاه ممکن است روحی جاودانه داشته باشی"
the witch laughed loud and disgustingly

جادوگر با صدای بلند و نفرت انگیز خندید

the toad and the snakes fell to the ground

وزغ و مارها روی زمین افتادند

and they lay there wriggling on the floor

و آنجا دراز کشیدند و روی زمین تکان خوردند

"You came to me just in time," said the witch

جادوگر گفت: تو به موقع نزد من آمدی

"after sunrise tomorrow it would have been too late"

"پس از طلوع آفتاب فردا خیلی دیر بود"

"after tomorrow I would not have been able to help you till the end of another year"

"پس از فردا تا پایان یک سال دیگر نمی توانستم به شما کمک کنم"

"I will prepare a potion for you"

"من برات معجون درست میکنم"

"swim up to the land tomorrow, before sunrise"

"فردا قبل از طلوع آفتاب تا خشکی شنا کنید"

"seat yourself there and drink the potion"

"خودت را آنجا بنشین و معجون را بنوش"

"after you drink the potion your tail will disappear"

"بعد از نوشیدن معجون دم شما ناپدید می شود"

"and then you will have what men call legs"

"و آنگاه چیزی خواهی داشت که مردان پاها می نامند"

"all will say you are the prettiest girl in the world"

"همه خواهند گفت تو زیباترین دختر دنیا هستی"

"but for this you will have to endure great pain"

"اما برای این باید درد بزرگی را تحمل کنید"

"it will be as if a sword were passing through you"

"انگار شمشیری از تو می گذرد"

"You will still have the same gracefulness of movement"

"شما همچنان همان ظرافت حرکت را خواهید داشت"

"it will be as if you are floating over the ground"

"انگار بر روی زمین شناور هستید"

"and no dancer will ever tread as lightly as you"

"و هیچ رقصنده ای به اندازه شما سبک نمی شود"

"but every step you take will cause you great pain"

"اما هر قدمی که برمی دارید باعث درد بزرگی برای شما می شود"
"it will be as if you were treading upon sharp knives"
"گویا روی چاقوهای تیز قدم می گذارید"
"If you bear all this suffering, I will help you"
"اگر این همه رنج را تحمل کنی، من به تو کمک خواهم کرد"
the little mermaid thought of the prince
پری دریایی کوچولو به شاهزاده فکر کرد
and she thought of the happiness of an immortal soul
و به شادی یک روح جاودانه فکر کرد
"Yes, I will," said the little princess
شاهزاده خانم کوچولو گفت :بله، خواهم کرد
but, as you can imagine, her voice trembled with fear
اما، همانطور که می توانید تصور کنید، صدای او از ترس می لرزید

"do not rush into this," said the witch
جادوگر گفت :در این مورد عجله نکن
"once you are shaped like a human, you can never return"
"وقتی شبیه یک انسان شدی، هرگز نمی‌توانی برگردی"
"and you will never again take the form of a mermaid"
"و دیگر هرگز به شکل یک پری دریایی نخواهی شد"
"You will never return through the water to your sisters"
"تو هرگز از طریق آب نزد خواهرانت برنخواهی گشت"
"nor will you ever go to your father's palace again"
"دیگر هرگز به قصر پدرت نخواهی رفت"
"you will have to win the love of the prince"
"شما باید عشق شاهزاده را به دست آورید"
"he must be willing to forget his father and mother for you"
"او باید حاضر باشد پدر و مادرش را به خاطر تو فراموش کند"
"and he must love you with all of his soul"
"و او باید شما را با تمام وجودش دوست داشته باشد"
"the priest must join your hands together"
"کشیش باید دستان شما را به هم بپیوندد"
"and he must make you man and wife in holy matrimony"
"و او باید شما را در ازدواج مقدس مرد و زن قرار دهد"
"only then will you have an immortal soul"
"تنها در این صورت است که روحی جاودانه خواهید داشت"

"but you must never allow him to marry another woman"
اما هرگز نباید اجازه دهید او با زن دیگری ازدواج کند.

"the morning after he marries another woman, your heart will break"
"صبح بعد از ازدواج او با زن دیگری، قلب شما خواهد شکست"

"and you will become foam on the crest of the waves"
"و تو کف روی تاج امواج خواهی شد"

the little mermaid became as pale as death
پری دریایی کوچولو مثل مرگ رنگ پریده شد

"I will do it," said the little mermaid
پری دریایی کوچولو گفت: من این کار را خواهم کرد

"But I must be paid, also," said the witch
جادوگر گفت: "اما من هم باید حقوق بگیرم".

"and it is not a trifle that I ask for"
"و این چیزی نیست که من بخواهم"

"You have the sweetest voice of any who dwell here"
"شما شیرین ترین صدا را در بین همه ساکنان اینجا دارید"

"you believe that you can charm the prince with your voice"
"تو باور داری که می توانی شاهزاده را با صدایت مجذوب کنی"

"But your beautiful voice you must give to me"
"اما صدای زیبای تو باید به من بدهی"

"The best thing you possess is the price of my potion"
"بهترین چیزی که داری قیمت معجون من است"

"the potion must be mixed with my own blood"
"معجون باید با خون من مخلوط شود"

"only this mixture makes the potion as sharp as a two-edged sword"
"فقط این مخلوط باعث می شود که معجون به اندازه یک شمشیر دو لبه تیز باشد"

the little mermaid tried to object to the cost
پری دریایی کوچولو سعی کرد به این هزینه اعتراض کند

"But if you take away my voice..." said the little mermaid
پری دریایی کوچولو گفت: "اما اگر صدایم را برداری"...

"if you take away my voice, what is left for me?"

"اگر صدایم را بگیری، چه چیزی برای من باقی می ماند؟"
"Your beautiful form," suggested the sea witch
جادوگر دریا پیشنهاد کرد» :شکل زیبای تو.«
"your graceful walk, and your expressive eyes"
"راه‌پیمایی زیبای تو و چشمان رسا تو"
"Surely, with these things you can enchain a man's heart?"
"مطمئناً با این چیزها می توان قلب یک مرد را به زنجیر کشید؟"
"Well, have you lost your courage?" the sea witch asked
"خب، آیا شما شجاعت خود را از دست داده اید؟" جادوگر دریا پرسید
"Put out your little tongue, so that I can cut it off"
"زبان کوچکت را بیرون بیاور تا من آن را قطع کنم"
"then you shall have the powerful potion"
"پس معجون قدرتمندی خواهی داشت"
"It shall be," said the little mermaid
پری دریایی کوچولو گفت": اینطور خواهد شد".

Then the witch placed her cauldron on the fire
سپس جادوگر دیگ خود را روی آتش گذاشت
"Cleanliness is a good thing," said the sea witch
جادوگر دریا گفت :پاکیزگی چیز خوبی است
she scoured the vessels for the right snake
او رگ ها را برای یافتن مار راست می شست
all the snakes had been tied together in a large knot
همه مارها در یک گره بزرگ به هم بسته شده بودند
Then she pricked herself in the breast
سپس به سینه خود سیخ کرد
and she let the black blood drop into the caldron
و او اجازه داد تا خون سیاه در دیگ بریزد
The steam that rose twisted itself into horrible shapes
بخاری که بلند شد به اشکال وحشتناکی پیچید
no person could look at the shapes without fear
هیچ کس نمی تواند بدون ترس به اشکال نگاه کند
Every moment the witch threw new ingredients into the vessel
هر لحظه جادوگر مواد جدیدی را در ظرف می انداخت
finally, with everything inside, the caldron began to boil

بالاخره با همه چیز داخل دیگ شروع به جوشیدن کرد
there was the sound like the weeping of a crocodile
صدایی شبیه گریه تمساح شنیده می شد
and at last the magic potion was ready
و بالاخره معجون جادویی آماده شد
despite its ingredients, the potion looked like the clearest water
این معجون علیرغم ترکیباتش مانند شفاف ترین آب به نظر می رسید
"There it is, all for you," said the witch
جادوگر گفت" :همه چیز برای تو وجود دارد".
and then she cut off the little mermaid's tongue
و سپس زبان پری دریایی کوچک را برید
so that the little mermaid could never again speak, nor sing again
به طوری که پری دریایی کوچولو دیگر هرگز نتواند صحبت کند و دوباره آواز نخواند
"the polypi might try and grab you on the way out"
"پلی پی ممکن است سعی کند در راه خروج شما را بگیرد"
"if they try, throw over them a few drops of the potion"
"اگر تلاش کردند، چند قطره از معجون را روی آنها بریز"
"and their fingers will be torn into a thousand pieces"
"و انگشتانشان هزار تکه خواهد شد"
But the little mermaid had no need to do this
اما پری دریایی کوچولو نیازی به این کار نداشت
the polypi sprang back in terror when they saw her
پولیپی وقتی او را دیدند با وحشت از زمین بیرون آمد
they saw she had lost her tongue to the sea witch
دیدند که زبانش را به دست جادوگر دریا گم کرده است
and they saw she was carrying the potion
و دیدند که او معجون را حمل می کند
the potion shone in her hand like a twinkling star
معجون در دست او مانند ستاره ای درخشان می درخشید

So she passed quickly through the wood and the marsh
بنابراین او به سرعت از میان جنگل و مرداب گذشت
and she passed between the rushing whirlpools

و او از میان گرداب های شتابان عبور کرد
soon she made her way back to the palace of her father
به زودی راه خود را به سمت قصر پدرش در پیش گرفت
all the torches in the ballroom were extinguished
تمام مشعل های سالن رقص خاموش شدند
all within the palace must now be asleep
همه درون قصر اکنون باید در خواب باشند
But she did not go inside to see them
اما او برای دیدن آنها به داخل نرفت
she knew she was going to leave them forever
او می دانست که قرار است آنها را برای همیشه ترک کند
and she knew her heart would break if she saw them
و می دانست که اگر آنها را ببیند قلبش خواهد شکست
she went into the garden one last time
او برای آخرین بار به باغ رفت
and she took a flower from each one of her sisters
و از هر یک از خواهرانش یک گل گرفت
and then she rose up through the dark-blue waters
و سپس از میان آبهای آبی تیره بلند شد

The Little Mermaid Meets the Prince
پری دریایی کوچک با شاهزاده ملاقات می کند

the little mermaid arrived at the prince's palace
پری دریایی کوچک به قصر شاهزاده رسید
the sun had not yet risen from the sea
خورشید هنوز از دریا طلوع نکرده بود
and the moon shone clear and bright in the night
و ماه در شب روشن و روشن می درخشید
the little mermaid sat at the beautiful marble steps
پری دریایی کوچک پشت پله های مرمری زیبا نشسته بود
and then the little mermaid drank the magic potion
و سپس پری دریایی کوچولو معجون جادویی را نوشید
she felt the cut of a two-edged sword cut through her
او بریدگی شمشیر دو لبه را احساس کرد
and she fell into a swoon, and lay like one dead
و او به حال خود افتاد و مانند یک مرده دراز کشید
the sun rose from the sea and shone over the land
خورشید از دریا طلوع کرد و بر خشکی تابید
she recovered and felt the pain from the cut
او بهبود یافت و درد ناشی از بریدگی را احساس کرد
but before her stood the handsome young prince
اما در برابر او شاهزاده جوان خوش تیپ ایستاده بود

He fixed his coal-black eyes upon the little mermaid
چشمان سیاه زغالی خود را به پری دریایی کوچولو خیره کرد
he looked so earnestly that she cast down her eyes
او چنان جدی نگاه کرد که او چشمانش را پایین انداخت
and then she became aware that her fish's tail was gone
و سپس متوجه شد که دم ماهی اش از بین رفته است
she saw that she had the prettiest pair of white legs
او دید که زیباترین جفت پاهای سفید را دارد
and she had tiny feet, as any little maiden would have
و او مانند هر دوشیزه کوچکی پاهای کوچکی داشت
But, having come from the sea, she had no clothes
اما او که از دریا آمده بود، لباس نداشت

so she wrapped herself in her long, thick hair
پس خودش را در موهای بلند و پرپشتش پیچید
The prince asked her who she was and whence she came
شاهزاده از او پرسید کیست و از کجا آمده است
She looked at him mildly and sorrowfully
با ملایمت و اندوه به او نگاه کرد
but she had to answer with her deep blue eyes
اما او باید با چشمان آبی عمیق خود پاسخ می داد
because the little mermaid could not speak anymore
چون پری دریایی کوچولو دیگر نمی توانست صحبت کند
He took her by the hand and led her to the palace
دستش را گرفت و به سمت قصر برد

Every step she took was as the witch had said it would be
هر قدمی که او برمی داشت همان طور بود که جادوگر گفته بود
she felt as if she were treading upon sharp knives
او احساس می کرد که روی چاقوهای تیز پا می گذارد
She bore the pain of her wish willingly, however
اما درد آرزویش را با کمال میل تحمل کرد
and she moved at the prince's side as lightly as a bubble
و او به آرامی مانند حباب در کنار شاهزاده حرکت کرد
all who saw her wondered at her graceful, swaying movements
همه کسانی که او را می دیدند از حرکات برازنده و تاب دار او تعجب کردند
She was very soon arrayed in costly robes of silk and muslin
او خیلی زود در لباس های گران قیمت ابریشمی و موسلین پوشیده شد
and she was the most beautiful creature in the palace
و او زیباترین موجود در قصر بود
but she appeared dumb, and could neither speak nor sing
اما او خنگ به نظر می رسید و نه می توانست صحبت کند و نه آواز بخواند

there were beautiful female slaves, dressed in silk and gold
در آنجا کنیزهای زیبای ابریشم و طلا به تن داشتند
they stepped forward and sang in front of the royal family

آنها جلو آمدند و در مقابل خانواده سلطنتی آواز خواندند
each slave could sing better than the next one
هر برده می توانست بهتر از دیگری بخواند
and the prince clapped his hands and smiled at her
و شاهزاده دستانش را زد و به او لبخند زد
This was a great sorrow to the little mermaid
این یک غم بزرگ برای پری دریایی کوچک بود
she knew how much more sweetly she was able to sing
او می دانست که چقدر شیرین تر می تواند آواز بخواند
"if only he knew I have given away my voice to be with him!"
"اگر می دانست من صدایم را داده ام تا با او باشم"!

there was music being played by an orchestra
موسیقی توسط یک ارکستر پخش می شد
and the slaves performed some pretty, fairy-like dances
و بردگان چند رقص زیبا و پری اجرا کردند
Then the little mermaid raised her lovely white arms
سپس پری دریایی کوچولو بازوهای سفید دوست داشتنی خود را بالا برد
she stood on the tips of her toes like a ballerina
مثل بالرین روی نوک انگشتان پا ایستاد
and she glided over the floor like a bird over water
و او مانند پرنده ای روی آب روی زمین می چرخید
and she danced as no one yet had been able to dance
و او رقصید زیرا هنوز کسی نتوانسته بود برقصد
At each moment her beauty was more revealed
هر لحظه زیبایی او بیشتر نمایان می شد
most appealing of all, to the heart, were her expressive eyes
از همه جذاب تر، برای قلب، چشمان رسا او بود
Everyone was enchanted by her, especially the prince
همه مسحور او شدند، به خصوص شاهزاده
the prince called her his deaf little foundling
شاهزاده او را بچه ناشنوای کوچک خود نامید
and she happily continued to dance, to please the prince
و او با خوشحالی به رقصیدن ادامه داد تا شاهزاده را خوشحال کند

but we must remember the pain she endured for his pleasure
اما ما باید دردی را که او برای لذت بردن او متحمل شده بود به خاطر بسپاریم
every step on the floor felt as if she trod on sharp knives
هر قدم روی زمین انگار چاقوهای تیز را زیر پا می گذارد

The prince said she should remain with him always
شاهزاده گفت که باید همیشه با او بماند
and she was given permission to sleep at his door
و به او اجازه داده شد که در خانه او بخوابد
they brought a velvet cushion for her to lie on
یک کوسن مخملی برای او آوردند که روی آن دراز بکشد
and the prince had a page's dress made for her
و شاهزاده یک لباس پیج برای او درست کرده بود
this way she could accompany him on horseback
از این طریق می توانست او را سوار بر اسب همراهی کند
They rode together through the sweet-scented woods
آن‌ها با هم از میان جنگل‌های خوش‌بو عبور کردند
in the woods the green branches touched their shoulders
در جنگل شاخه های سبز شانه هایشان را لمس کردند
and the little birds sang among the fresh leaves
و پرندگان کوچک در میان برگهای تازه آواز خواندند
She climbed with him to the tops of high mountains
او با او به قله های کوه های بلند صعود کرد
and although her tender feet bled, she only smiled
و اگرچه پاهای حساسش خون می آمد، اما فقط لبخند می زد
she followed him till the clouds were beneath them
او را تا جایی دنبال کرد که ابرها زیر آنها قرار گرفتند
like a flock of birds flying to distant lands
مثل دسته ای از پرندگان که به سرزمین های دور پرواز می کنند

when all were asleep she sat on the broad marble steps
وقتی همه خواب بودند روی پله های مرمری عریض نشست
it eased her burning feet to bathe them in the cold water
شستن پاهایش را در آب سرد راحت کرد

It was then that she thought of all those in the sea
آن موقع بود که او به تمام کسانی که در دریا بودند فکر کرد
Once, during the night, her sisters came up, arm in arm
یک بار، در طول شب، خواهرانش دست در دست آمدند
they sang sorrowfully as they floated on the water
در حالی که روی آب شناور بودند غمگین می خواندند
She beckoned to them, and they recognized her
او به آنها اشاره کرد و آنها او را شناختند
they told her how they had grieved their youngest sister
آنها به او گفتند که چگونه خواهر کوچک خود را اندوهگین کرده اند
after that, they came to the same place every night
بعد از آن هر شب به همان محل می آمدند
Once she saw in the distance her old grandmother
یک بار از دور مادربزرگ پیرش را دید
she had not been to the surface of the sea for many years
او سالها بود که به سطح دریا نرفته بود
and the old Sea King, her father, with his crown on his head
و پادشاه دریای پیر، پدرش، با تاج بر سر
he too came to where she could see him
او هم به جایی رسید که او می توانست او را ببیند
They stretched out their hands towards her
دستان خود را به سمت او دراز کردند
but they did not venture as near the land as her sisters
اما آنها به اندازه خواهرانش به زمین نزدیک نشدند

As the days passed she loved the prince more dearly
هر چه روزها می گذشت، شاهزاده را بیشتر دوست داشت
and he loved her as one would love a little child
و او را همانطور که یک کودک کوچک دوست دارد دوست داشت
The thought never came to him to make her his wife
هرگز به ذهنش خطور نکرد که او را همسر خود کند
but, unless he married her, her wish would never come true
اما، تا زمانی که با او ازدواج نکند، آرزوی او هرگز محقق نمی شود
unless he married her she could not receive an immortal soul
مگر اینکه با او ازدواج کند، او نمی تواند روح جاودانه ای دریافت کند
and if he married another her dreams would shatter

و اگر با دیگری ازدواج می کرد، رویاهای او از بین می رفت
on the morning after his marriage she would dissolve
صبح بعد از ازدواج او منحل می شود
and the little mermaid would become the foam of the sea
و پری دریایی کوچک کف دریا می شد

the prince took the little mermaid in his arms
شاهزاده پری دریایی کوچک را در آغوش گرفت
and he kissed her on her forehead
و پیشانی او را بوسید
with her eyes she tried to ask him
با چشمانش سعی کرد از او بپرسد
"Do you not love me the most of them all?"
"آیا مرا از همه بیشتر دوست نداری؟"
"Yes, you are dear to me," said the prince
شاهزاده گفت :بله، شما برای من عزیز هستید
"because you have the best heart"
"چون تو بهترین قلب را داری"
"and you are the most devoted to me"
"و تو فداکارترینی به من"
"You are like a young maiden whom I once saw"
"تو مثل دختر جوانی هستی که روزی او را دیدم"
"but I shall never meet this young maiden again"
"اما من دیگر هرگز این دختر جوان را ملاقات نخواهم کرد"
"I was in a ship that was wrecked"
"من در یک کشتی بودم که غرق شد"
"and the waves cast me ashore near a holy temple"
"و امواج مرا به ساحل نزدیک معبدی مقدس پرتاب کردند"
"at the temple several young maidens performed the service"
"در معبد چند دختر جوان این خدمت را انجام دادند"
"The youngest maiden found me on the shore"
"کوچکترین دوشیزه مرا در ساحل پیدا کرد"
"and the youngest of the maidens saved my life"
"و کوچکترین دوشیزگان جان مرا نجات داد"
"I saw her but twice," he explained
او توضیح داد» :او را دو بار دیدم

"and she is the only one in the world whom I could love"
"و او تنها کسی در جهان است که می توانم دوستش داشته باشم"
"But you are like her," he reassured the little mermaid
او به پری دریایی کوچولو اطمینان داد: "اما تو مثل او هستی".
"and you have almost driven her image from my mind"
"و تقریباً تصویر او را از ذهن من بیرون کردی"
"She belongs to the holy temple"
"او متعلق به معبد مقدس است"
"good fortune has sent you instead of her to me"
"خوشبختی تو را به جای او نزد من فرستاده است"
"We will never part," he comforted the little mermaid
او به پری دریایی کوچولو دلداری داد: "ما هرگز از هم جدا نمی شویم".

but the little mermaid could not help but sigh
اما پری دریایی کوچولو نتوانست آهی بکشد
"he knows not that it was I who saved his life"
"او نمی داند که این من بودم که زندگی او را نجات دادم"
"I carried him over the sea to where the temple stands"
"من او را از روی دریا به جایی که معبد ایستاده است بردم"
"I sat beneath the foam till the human came to help him"
"من زیر کف نشستم تا انسان به کمک او آمد"
"I saw the pretty maiden that he loves"
"من دختر زیبایی را دیدم که او دوست دارد"
"the pretty maiden that he loves more than me"
"دوشیزه زیبایی که او بیشتر از من دوست دارد"
The mermaid sighed deeply, but she could not weep
پری دریایی آه عمیقی کشید، اما نتوانست گریه کند
"He says the maiden belongs to the holy temple"
"او می گوید که دختر متعلق به معبد مقدس است"
"therefore she will never return to the world"
"بنابراین او هرگز به دنیا باز نخواهد گشت"
"they will meet no more," the little mermaid hoped
پری دریایی کوچولو امیدوار بود: "دیگر ملاقات نخواهند کرد".
"I am by his side and see him every day"
"من در کنارش هستم و هر روز او را می بینم"
"I will take care of him, and love him"

"من از او مراقبت خواهم کرد و او را دوست خواهم داشت"
"and I will give up my life for his sake"
"و من به خاطر او جان خود را خواهم داد"

The Day of the Wedding
روز عروسی

Very soon it was said that the prince was going to marry
خیلی زود گفته شد که شاهزاده قصد ازدواج دارد
there was the beautiful daughter of a neighbouring king
دختر زیبای یک پادشاه همسایه بود
it was said that she would be his wife
گفته شد که او همسر او خواهد بود
for the occasion a fine ship was being fitted out
به همین مناسبت یک کشتی خوب در حال تجهیز بود
the prince said he intended only to visit the king
شاهزاده گفت که او فقط قصد دیدار شاه را دارد
they thought he was only going so as to meet the princess
آنها فکر می کردند که او فقط برای ملاقات با شاهزاده خانم می رود
The little mermaid smiled and shook her head
پری دریایی کوچولو لبخندی زد و سرش را تکان داد
She knew the prince's thoughts better than the others
او افکار شاهزاده را بهتر از دیگران می دانست

"I must travel," he had said to her
او به او گفته بود" :من باید سفر کنم".
"I must see this beautiful princess"
"من باید این شاهزاده خانم زیبا را ببینم"
"My parents want me to go and see her"
"پدر و مادرم از من می خواهند که بروم و او را ببینم"
"but they will not oblige me to bring her home as my bride"
اما آنها مرا مجبور نخواهند کرد که او را به عنوان عروسم به خانه بیاورم.
"you know that I cannot love her"
"میدونی که من نمیتونم دوستش داشته باشم"
"because she is not like the beautiful maiden in the temple"
"زیرا او مانند دختر زیبای معبد نیست"
"the beautiful maiden whom you resemble"
"دوشیزه زیبایی که شما شبیه او هستید"
"If I were forced to choose a bride, I would choose you"

"اگر مجبور بودم عروس انتخاب کنم، تو را انتخاب می کردم"
"my deaf foundling, with those expressive eyes"
"کودک ناشنوای من، با آن چشمان رسا"
Then he kissed her rosy mouth
سپس دهان گلگونش را بوسید
and he played with her long, waving hair
و با موهای بلند و تاب دار او بازی کرد
and he laid his head on her heart
و سرش را روی قلب او گذاشت
she dreamed of human happiness and an immortal soul
او رویای خوشبختی انسان و روحی جاودانه را در سر می پروراند

they stood on the deck of the noble ship
آنها روی عرشه کشتی نجیب ایستادند
"You are not afraid of the sea, are you?" he said
"تو از دریا نمی ترسی، نه؟" او گفت
the ship was to carry them to the neighbouring country
کشتی آنها را به کشور همسایه می برد
Then he told her of storms and of calms
سپس از طوفان و آرامش به او گفت
he told her of strange fishes deep beneath the water
او از ماهی های عجیب و غریب در اعماق آب به او گفت
and he told her of what the divers had seen there
و او از آنچه غواصان در آنجا دیده بودند به او گفت
She smiled at his descriptions, slightly amused
او به توصیفات او لبخند زد، کمی مات و مبهوت
she knew better what wonders were at the bottom of the sea
او بهتر می دانست چه شگفتی هایی در ته دریا وجود دارد

the little mermaid sat on the deck at moonlight
پری دریایی کوچک در نور ماه روی عرشه نشست
all on board were asleep, except the man at the helm
همه سرنشینان به جز مردی که در راس آن بود، خواب بودند
and she gazed down through the clear water
و او از میان آب زلال به پایین خیره شد
She thought she could distinguish her father's castle

او فکر می کرد که می تواند قلعه پدرش را تشخیص دهد
and in the castle she could see her aged grandmother
و در قلعه می توانست مادربزرگ پیرش را ببیند
Then her sisters came out of the waves
سپس خواهرانش از امواج بیرون آمدند
and they gazed at their sister mournfully
و با اندوه به خواهرشان خیره شدند
She beckoned to her sisters, and smiled
به خواهرانش اشاره کرد و لبخند زد
she wanted to tell them how happy and well off she was
او می خواست به آنها بگوید که چقدر خوشحال و خوب است
But the cabin boy approached and her sisters dived down
اما پسر کابین نزدیک شد و خواهرانش شیرجه زدند
he thought what he saw was the foam of the sea
فکر می کرد آنچه می بیند کف دریا است

The next morning the ship got into the harbour
صبح روز بعد کشتی وارد بندر شد
they had arrived in a beautiful coastal town
آنها به یک شهر ساحلی زیبا رسیده بودند
on their arrival they were greeted by church bells
در بدو ورود با ناقوس های کلیسا از آنها استقبال شد
and from the high towers sounded a flourish of trumpets
و از برج های بلند شیپوری به صدا درآمد
soldiers lined the roads through which they passed
سربازان در جاده هایی که از آن عبور می کردند صف کشیدند
Soldiers, with flying colors and glittering bayonets
سربازان، با رنگ های در حال پرواز و سرنیزه های درخشان
Every day that they were there there was a festival
هر روز که آنها آنجا بودند جشنواره ای برگزار می شد
balls and entertainments were organised for the event
برای این مراسم توپ و سرگرمی ترتیب داده شد
But the princess had not yet made her appearance
اما شاهزاده خانم هنوز ظاهر نشده بود
she had been brought up and educated in a religious house
او در یک خانه مذهبی بزرگ شده و تحصیل کرده بود

she was learning every royal virtue of a princess
او تمام فضیلت های سلطنتی یک شاهزاده خانم را یاد می گرفت

At last, the princess made her royal appearance
سرانجام شاهزاده خانم ظاهر سلطنتی خود را نشان داد
The little mermaid was anxious to see her
پری دریایی کوچولو مشتاق دیدن او بود
she had to know whether she really was beautiful
او باید می دانست که آیا او واقعاً زیباست
and she was obliged to admit she really was beautiful
و او مجبور بود اعتراف کند که واقعا زیباست
she had never seen a more perfect vision of beauty
او هرگز دید کامل‌تری از زیبایی ندیده بود
Her skin was delicately fair
پوستش به طرز ظریفی روشن بود
and her laughing blue eyes shone with truth and purity
و چشمان آبی خندانش از حقیقت و صفا می درخشید
"It was you," said the prince
شاهزاده گفت: تو بودی
"you saved my life when I lay as if dead on the beach"
"زندگی من را نجات دادی وقتی که انگار مرده در ساحل دراز کشیدم"
"and he held his blushing bride in his arms"
"و او عروس سرخ شده خود را در آغوش گرفت"

"Oh, I am too happy!" said he to the little mermaid
"اوه، من خیلی خوشحالم" به پری دریایی کوچولو گفت
"my fondest hopes are now fulfilled"
"بزرگترین امیدهای من اکنون برآورده شده است"
"You will rejoice at my happiness"
"تو از خوشحالی من خوشحال خواهی شد"
"because your devotion to me is great and sincere"
"زیرا ارادت شما به من بزرگ و خالصانه است"
The little mermaid kissed the prince's hand
پری دریایی کوچک دست شاهزاده را بوسید
and she felt as if her heart were already broken
و او احساس می کرد که انگار قلبش از قبل شکسته است

the morning of his wedding was going to bring death to her
صبح عروسی او قرار بود برای او مرگ بیاورد
she knew she was to become the foam of the sea
او می دانست که قرار است کف دریا شود

the sound of the church bells rang through the town
صدای ناقوس های کلیسا در شهر به صدا درآمد
the heralds rode through the town proclaiming the betrothal
منادیان در شهر رفتند و نامزدی را اعلام کردند
Perfumed oil was burned in silver lamps on every altar
روغن معطر در چراغ های نقره ای در هر محراب سوزانده می شد
The priests waved the censers over the couple
کشیش‌ها سمعک‌ها را روی این زوج تکان دادند
and the bride and the bridegroom joined their hands
و عروس و داماد دست به دست هم دادند
and they received the blessing of the bishop
و برکت اسقف را دریافت کردند
The little mermaid was dressed in silk and gold
پری دریایی کوچک لباس ابریشم و طلا به تن داشت
she held up the bride's dress, in great pain
او با درد شدید لباس عروس را بالا گرفت
but her ears heard nothing of the festive music
اما گوش های او چیزی از موسیقی جشن نمی شنید
and her eyes saw not the holy ceremony
و چشمانش مراسم مقدس را ندید
She thought of the night of death coming to her
فکر کرد شب مرگ به سراغش می آید
and she mourned for all she had lost in the world
و برای تمام چیزهایی که در دنیا از دست داده بود سوگواری کرد

that evening the bride and bridegroom boarded the ship
عصر همان روز عروس و داماد سوار کشتی شدند
the ship's cannons were roaring to celebrate the event
توپ های کشتی برای جشن گرفتن این رویداد غرش می کردند
and all the flags of the kingdom were waving
و تمام پرچم های پادشاهی به اهتزاز درآمد

in the centre of the ship a tent had been erected
در مرکز کشتی چادری برپا شده بود
in the tent were the sleeping couches for the newlyweds
در چادر کاناپه های خواب تازه عروس ها بود
the winds were favourable for navigating the calm sea
بادها برای حرکت در دریای آرام مساعد بودند
and the ship glided as smoothly as the birds of the sky
و کشتی به نرمی پرندگان آسمان می‌لرزید

When it grew dark, a number of colored lamps were lighted
وقتی هوا تاریک شد، تعدادی لامپ رنگی روشن کردند
the sailors and royal family danced merrily on the deck
ملوانان و خانواده سلطنتی با شادی روی عرشه رقصیدند
The little mermaid could not help thinking of her birthday
پری دریایی کوچولو نمی توانست به روز تولدش فکر کند
the day that she rose out of the sea for the first time
روزی که برای اولین بار از دریا برخاست
similar joyful festivities were celebrated on that day
جشن های شادی مشابهی در آن روز برگزار می شد
she thought about the wonder and hope she felt that day
او به شگفتی و امیدی که آن روز احساس می کرد فکر کرد
with those pleasant memories, she too joined in the dance
با آن خاطرات خوش، او نیز به رقص پیوست
on her paining feet, she poised herself in the air
روی پاهای دردناکش، خودش را در هوا نگه داشت
the way a swallow poises itself when in pursued of prey
روشی که یک پرستو هنگام تعقیب طعمه خود را آماده می کند
the sailors and the servants cheered her wonderingly
ملوانان و خدمتکاران با تعجب او را تشویق کردند
She had never danced so gracefully before
او قبلاً هرگز به این زیبایی رقصیده بود
Her tender feet felt as if cut with sharp knives
پاهای حساسش انگار با چاقوهای تیز بریده شده بود
but she cared little for the pain of her feet
اما او به درد پاهایش اهمیت چندانی نمی داد
there was a much sharper pain piercing her heart

دردی بسیار شدیدتر قلب او را سوراخ می کرد

She knew this was the last evening she would ever see him
او می دانست که این آخرین عصری است که او را می بیند
the prince for whom she had forsaken her kindred and home
شاهزاده ای که او خانواده و خانه خود را به خاطر او ترک کرده بود
She had given up her beautiful voice for him
صدای زیبایش را به خاطر او رها کرده بود
and every day she had suffered unheard-of pain for him
و هر روز برای او درد ناشناخته ای را متحمل می شد
she suffered all this, while he knew nothing of her pain
او همه اینها را متحمل شد، در حالی که او چیزی از درد او نمی دانست
it was the last evening she would breath the same air as him
آخرین غروبی بود که او همان هوایی را تنفس کرد
it was the last evening she would gaze on the same starry sky
آخرین غروبی بود که او به همان آسمان پر ستاره خیره شد
it was the last evening she would gaze into the deep sea
آخرین عصری بود که او به اعماق دریا خیره شد
it was the last evening she would gaze into the eternal night
آخرین غروبی بود که او به شب ابدی خیره شد
an eternal night without thoughts or dreams awaited her
یک شب ابدی بدون فکر و رویا در انتظار او بود
She was born without a soul, and now she could never win one
او بدون روح به دنیا آمد و اکنون هرگز نمی تواند برنده شود

All was joy and gaiety on the ship until long after midnight
تا مدت ها بعد از نیمه شب در کشتی همه چیز شادی و نشاط بود
She smiled and danced with the others on the royal ship
او لبخندی زد و با دیگران در کشتی سلطنتی رقصید
but she danced while the thought of death was in her heart
اما در حالی که فکر مرگ در دلش بود می رقصید
she had to watch the prince dance with the princess
او باید رقص شاهزاده با شاهزاده خانم را تماشا می کرد
she had to watch when the prince kissed his beautiful bride

او باید تماشا می کرد که شاهزاده عروس زیبایش را می بوسد
she had to watch her play with the prince's raven hair
او باید بازی او را با موهای کلاغی شاهزاده تماشا می کرد
and she had to watch them enter the tent, arm in arm
و او باید آنها را نگاه می کرد که دست به بازو وارد چادر می شوند

After the Wedding
بعد از عروسی

After they had gone all became still on board the ship
بعد از اینکه رفتند همه سوار کشتی شدند

only the pilot, who stood at the helm, was still awake
فقط خلبانی که پشت فرمان ایستاده بود هنوز بیدار بود

The little mermaid leaned on the edge of the vessel
پری دریایی کوچک به لبه کشتی تکیه داد

she looked towards the east for the first blush of morning
او برای اولین سرخ شدن صبح به سمت شرق نگاه کرد

the first ray of the dawn, which was to be her death
اولین پرتو سپیده دم که قرار بود مرگ او باشد

from far away she saw her sisters rising out of the sea
از دور خواهرانش را دید که از دریا بیرون می‌آمدند

They were as pale with fear as she was
آنها نیز مانند او از ترس رنگ پریده بودند

but their beautiful hair no longer waved in the wind
اما موهای زیبای آنها دیگر در باد تکان نمی خورد

"We have given our hair to the witch," said they
گفتند: ما موهایمان را به جادوگر داده ایم

"so that you do not have to die tonight"
"برای اینکه مجبور نباشی امشب بمیری"

"for our hair we have obtained this knife"
"برای موهایمان این چاقو را به دست آورده ایم"

"Before the sun rises you must use this knife"
"قبل از طلوع خورشید باید از این چاقو استفاده کنید"

"you must plunge the knife into the heart of the prince"
"شما باید چاقو را در قلب شاهزاده فرو کنید"

"the warm blood of the prince must fall upon your feet"
"خون گرم شاهزاده باید به پای شما بریزد"

"and then your feet will grow together again"
"و سپس پاهای شما دوباره با هم رشد خواهند کرد"

"where you have legs you will have a fish's tail again"
"هرجا پا داشته باشی دوباره دم ماهی خواهی داشت"

"and where you were human you will once more be a mermaid"

"و جایی که انسان بودی یک بار دیگر پری دریایی خواهی شد"

"then you can return to live with us, under the sea"

"پس می توانی برگردی و با ما زندگی کنی، زیر دریا"

"and you will be given your three hundred years of a mermaid"

"و سیصد سال پری دریایی به تو داده خواهد شد"

"and only then will you be changed into the salty sea foam"

"و تنها در این صورت است که به کف دریای شور تبدیل خواهید شد"

"Haste, then; either he or you must die before sunrise"

"پس عجله کن، یا او یا تو باید قبل از طلوع آفتاب بمیری"

"our old grandmother mourns for you day and night"

"مادربزرگ پیر ما شبانه روز برای تو عزادار است"

"her white hair is falling out"

"موهای سفیدش می ریزد"

"just as our hair fell under the witch's scissors"

"همانطور که موهایمان زیر قیچی جادوگر افتاد"

"Kill the prince, and come back," they begged her

آنها به او التماس کردند: "شاهزاده را بکش و برگرد".

"Do you not see the first red streaks in the sky?"

"آیا اولین رگه های قرمز را در آسمان نمی بینید؟"

"In a few minutes the sun will rise, and you will die"

"چند دقیقه دیگر خورشید طلوع می کند و شما خواهید مرد"

having done their best, her sisters sighed deeply

پس از انجام تمام تلاش خود، خواهرانش آه عمیقی کشیدند

mournfully her sisters sank back beneath the waves

با اندوه، خواهرانش در زیر امواج غرق شدند

and the little mermaid was left with the knife in her hands

و پری دریایی کوچک با چاقو در دستانش ماند

she drew back the crimson curtain of the tent

پرده زرشکی چادر را عقب کشید

and in the tent she saw the beautiful bride

و در چادر عروس زیبا را دید

her face was resting on the prince's breast

صورتش روی سینه شاهزاده گذاشته بود
and then the little mermaid looked at the sky
و سپس پری دریایی کوچک به آسمان نگاه کرد
on the horizon the rosy dawn grew brighter and brighter
در افق، طلوع گلگون روشن تر و درخشان تر شد
She glanced at the sharp knife in her hands
نگاهی به چاقوی تیز در دستانش انداخت
and again she fixed her eyes on the prince
و دوباره چشمش را به شاهزاده دوخت
She bent down and kissed his noble brow
خم شد و پیشانی نجیب او را بوسید
he whispered the name of his bride in his dreams
در خواب نام عروسش را زمزمه کرد
he was dreaming of the princess he had married
او خواب شاهزاده خانمی را می دید که با او ازدواج کرده بود
the knife trembled in the hand of the little mermaid
چاقو در دست پری دریایی کوچولو می لرزید
but she flung the knife far into the sea
اما او چاقو را در دریا پرتاب کرد

where the knife fell the water turned red
جایی که چاقو افتاد آب قرمز شد
the drops that spurted up looked like blood
قطره هایی که بیرون زدند شبیه خون بودند
She cast one last look upon the prince she loved
او برای آخرین بار به شاهزاده ای که دوستش داشت انداخت
the sun pierced the sky with its golden arrows
خورشید با تیر های طلایی خود آسمان را سوراخ کرد
and she threw herself from the ship into the sea
و خود را از کشتی به دریا انداخت
the little mermaid felt her body dissolving into foam
پری دریایی کوچولو احساس کرد بدنش در حال حل شدن در کف است
and all that rose to the surface were bubbles of air
و تمام آنچه به سطح می آمد حباب های هوا بود
the sun's warm rays fell upon the cold foam
پرتوهای گرم خورشید بر کف سرد فرود آمد

but she did not feel as if she were dying
اما او احساس نمی کرد که در حال مرگ است
in a strange way she felt the warmth of the bright sun
به طرز عجیبی گرمای خورشید درخشان را احساس کرد
she saw hundreds of beautiful transparent creatures
او صدها موجود شفاف زیبا را دید
the creatures were floating all around her
موجودات در اطراف او شناور بودند
through the creatures she could see the white sails of the ships
از میان موجودات می‌توانست بادبان‌های سفید کشتی‌ها را ببیند
and between the sails of the ships she saw the red clouds in the sky
و بین بادبان های کشتی ها ابرهای سرخ را در آسمان دید
Their speech was melodious and childlike
سخنانشان آهنگین و کودکانه بود
but their speech could not be heard by mortal ears
اما گفتار آنها به گوش فانی نمی رسید
nor could their bodies be seen by mortal eyes
اجساد آنها با چشمان فانی دیده نمی شد
The little mermaid perceived that she was like them
پری دریایی کوچولو متوجه شد که او شبیه آنهاست
and she felt that she was rising higher and higher
و احساس کرد که دارد بالاتر و بالاتر می رود
"Where am I?" asked she, and her voice sounded ethereal
"من کجا هستم؟" از او پرسید و صدایش اثیری به نظر می رسید
there is no earthly music that could imitate her
هیچ موسیقی زمینی وجود ندارد که بتواند از او تقلید کند
"you are among the daughters of the air," answered one of them
یکی از آنها پاسخ داد: «شما از دختران هوا هستید
"A mermaid has not an immortal soul"
"پری دریایی روح جاودانه ندارد"
"nor can mermaids obtain immortal souls"
"و نه پری دریایی ها نمی توانند روح جاودانه به دست آورند"
"unless she wins the love of a human being"

"مگر اینکه عشق یک انسان را به دست آورد"
"on the will of another hangs her eternal destiny"
"به اراده دیگری سرنوشت ابدی او معلق است"
"like you, we do not have immortal souls either"
"ما هم مثل شما روح جاودانه نداریم"
"but we can obtain an immortal soul by our deeds"
"اما ما می توانیم با اعمال خود یک روح جاودانه به دست آوریم"
"We fly to warm countries and cool the sultry air"
"ما به کشورهای گرم پرواز می کنیم و هوای گرم را خنک می کنیم"
"the heat that destroys mankind with pestilence"
گرمایی که بشر را با آفت نابود می کند
"We carry the perfume of the flowers"
"ما عطر گلها را حمل می کنیم"
"and we spread health and restoration"
"و ما سلامت و ترمیم را گسترش دادیم"

"for three hundred years we travel the world like this"
"سیصد سال است که ما به این دنیا سفر می کنیم"
"in that time we strive to do all the good in our power"
"در آن زمان ما تلاش می کنیم تا تمام خوبی های خود را انجام دهیم"
"if we succeed we receive an immortal soul"
"اگر موفق شویم یک روح جاودانه دریافت می کنیم"
"and then we too take part in the happiness of mankind"
»و آنگاه ما نیز در سعادت بشر سهیم هستیم«
"You, poor little mermaid, have done your best"
"تو ای پری دریایی کوچولو بیچاره، تمام تلاشت را کردی"
"you have tried with your whole heart to do as we are doing"
"شما با تمام وجود سعی کرده اید همان کاری را که ما انجام می دهیم انجام دهید"
"You have suffered and endured an enormous pain"
"تو رنج بسیار زیادی کشیدی و تحمل کردی"
"by your good deeds you raised yourself to the spirit world"
"با اعمال خوبت خودت را به عالم ارواح ارتقا دادی"
"and now you will live alongside us for three hundred years"
"و اکنون سیصد سال در کنار ما زندگی خواهی کرد"
"by striving like us, you may obtain an immortal soul"

- 68 -

"با تلاش مانند ما، ممکن است روحی جاودانه به دست آورید"
The little mermaid lifted her glorified eyes toward the sun
پری دریایی کوچک چشمان شکوهمند خود را به سمت خورشید بلند کرد
for the first time, she felt her eyes filling with tears
برای اولین بار احساس کرد چشمانش پر از اشک شده است

On the ship she had left there was life and noise
در کشتی که او ترک کرده بود، زندگی و سر و صدا بود
she saw the prince and his beautiful bride searching for her
او شاهزاده و عروس زیبایش را دید که در جستجوی او بودند
Sorrowfully, they gazed at the pearly foam
با اندوه به کف مروارید خیره شدند
it was as if they knew she had thrown herself into the waves
انگار می‌دانستند او خودش را در امواج انداخته است
Unseen, she kissed the forehead of the bride
غیب پیشانی عروس را بوسید
and then she rose with the other children of the air
و سپس با بچه های دیگر هوا برخاست
together they went to a rosy cloud that floated above
آنها با هم به سمت ابری گلگون رفتند که در بالا شناور بود

"After three hundred years," one of them started explaining
یکی از آنها شروع به توضیح کرد« :پس از سیصد سال.»
"then we shall float into the kingdom of heaven," said she
او گفت: »سپس ما به ملکوت آسمان شناور خواهیم شد".
"And we may even get there sooner," whispered a companion
یکی از همراهان زمزمه کرد" :و حتی ممکن است زودتر به آنجا برسیم".
"Unseen we can enter the houses where there are children"
»غیبمانه وارد خانه‌هایی می‌شویم که بچه‌ها هستند«
"in some of the houses we find good children"
"در بعضی از خانه ها فرزندان خوبی پیدا می کنیم"
"these children are the joy of their parents"
"این بچه ها شادی والدینشان هستند"
"and these children deserve the love of their parents"

"و این کودکان سزاوار محبت والدین خود هستند"
"such children shorten the time of our probation"
چنین کودکانی زمان مشروط ما را کوتاه می کنند.
"The child does not know when we fly through the room"
"کودک نمی داند چه زمانی در اتاق پرواز می کنیم"
"and they don't know that we smile with joy at their good conduct"
"و آنها نمی دانند که ما از رفتار خوب آنها لبخند می زنیم".
"because then our judgement comes one day sooner"
"زیرا قضاوت ما یک روز زودتر می آید"
"But we see naughty and wicked children too"
"اما ما بچه های شیطان و شرور هم می بینیم"
"when we see such children we shed tears of sorrow"
"وقتی چنین کودکانی را می بینیم اشک غم می ریزیم"
"and for every tear we shed a day is added to our time"
"و به ازای هر اشکی که می ریزیم یک روز به وقت ما اضافه می شود"

www.tranzlaty.com

www.ingramcontent.com/pod-product-compliance
Lightning Source LLC
Chambersburg PA
CBHW012008090526
44590CB00026B/3928